C. G. Jung und Meister Eckhart

Ingrid Riedel

C. G. Jung und Meister Eckhart

Eine Begegnung

Patmos Verlag

VERLAGSGRUPPE PATMOS

PATMOS
ESCHBACH
GRÜNEWALD
THORBECKE
SCHWABEN
VER SACRUM

Die Verlagsgruppe
mit Sinn für das Leben

MIX
Papier | Fördert gute Waldnutzung
FSC® C014496

Die Verlagsgruppe Patmos ist sich ihrer Verantwortung gegenüber unserer Umwelt bewusst. Wir folgen dem Prinzip der Nachhaltigkeit und streben den Einklang von wirtschaftlicher Entwicklung, sozialer Sicherheit und Erhaltung unserer natürlichen Lebensgrundlagen an. Näheres zur Nachhaltigkeitsstrategie der Verlagsgruppe Patmos auf unserer Website www.verlagsgruppe-patmos.de/nachhaltig-gut-leben Übereinstimmend mit der EU-Verordnung zur allgemeinen Produktsicherheit (GPSR) stellen wir sicher, dass unsere Produkte die Sicherheitsstandards erfüllen. Näheres dazu auf unserer Website www.verlagsgruppe-patmos.de/produktsicherheit. Bei Fragen zur Produktsicherheit wenden Sie sich bitte an produktsicherheit@verlagsgruppe-patmos.de

Bibliografische Information der Deutschen Nationalbibliothek
Die Deutsche Nationalbibliothek verzeichnet diese Publikation in der Deutschen Nationalbibliografie; detaillierte bibliografische Daten sind im Internet über http://dnb.d-nb.de abrufbar.

2. Auflage 2025

Verlagsgruppe Patmos in der Schwabenverlag AG, Senefelderstr. 12, 73760 Ostfildern
www.patmos.de

Umschlaggestaltung: Finken & Bumiller, Stuttgart
Umschlagabbildung: Porträt von C. G. Jung: ETH-Bibliothek Zürich, Bildarchiv, http://doi.org/10.3932/ethz-a-000046785;
Porträt von Meister Eckhart: Andrea di Bonaiuto
Gestaltung, Satz und Repro: Schwabenverlag AG, Ostfildern
Druck: GGP Media GmbH
Hergestellt in Deutschland
ISBN 978-3-8436-1550-1

Inhalt

Vorwort

C.G. Jung war ein Leben lang inspiriert von Meister Eckhart, wie er in seinen „Erinnerungen“ und in seinen späten Briefen immer wieder bekennt. In dieser Studie möchte ich den Begegnungsmomenten zwischen C.G. Jung und Meister Eckhart nachgehen und ausführen, an welchen Stellen seines Werkes und in welcher Weise Jung sich von Meister Eckhart angeregt wusste. Ein zentraler Gedanke Eckharts, der ihn berührte, war der von der „Gottesgeburt in der Seele“ – eine mutig ausgedrückte Erfahrung Gottes als eine Erfahrung der Seele.

Auch ich selbst war seit meinen theologischen Studien von Meister Eckhart und seiner Auffassung berührt, die Seele sei in einem innersten „Funken“ mit ihrem transzendenten Ursprung verbunden geblieben. Und so horchte ich auf, als ich später während meinen Studien in Jung'scher Psychologie auch mit Jungs Inspiration durch Meister Eckhart in Berührung kam, mit seiner Vorstellung von der Seele, in der das Ich in Resonanz mit einem umfassenderen Erfahrungsraum stehe, in dem das Ich einem Selbst gegenübertrete, Selbst und Ich sich gegenseitig fundierten.

In den folgenden Kapiteln versuche ich, die Stellen in Jungs Werk zu benennen und zu reflektieren, in denen Jung sich auf Meister Eckhart bezieht. Zentral ist sein Berührtsein von Eckharts Seelenvorstellung, von dessen mystischer Grundanschauung, aus der zum

Beispiel Gelassenheit und Mitverantwortung für alles Leben erwachsen können.

Mein besonderer Dank gilt meiner Lektorin Dr. Christiane Neuen für ihren großen Einsatz und ihre anregenden, fachlich kompetenten Formulierungsvorschläge an komplizierten Stellen, mit denen sie meinen Text mitgestaltet hat. Auch danke ich dem Patmos Verlag, der die Thematik dieser Studie in sein Programm aufnimmt. Frau Birgit Westphal danke ich für ihre Sorgfalt und Kompetenz bei der Übertragung von handschriftlichen Manuskripten und Korrekturen.

Einleitung

C. G. Jung beschäftigte sich lebenslang mit der Seele des Menschen, wie er sie noch nennt, ehe im psychiatrischen und psychotherapeutischen Zusammenhang stattdessen nur noch von der „Psyche“ gesprochen wird. Doch geht damit nicht auch etwas verloren von dem, was der ganzheitliche Begriff „Seele“ umfasste und was Meister Eckhart noch meinte, wenn er etwa davon spricht, dass sich in der Seele des Menschen die „Gottesgeburt“ ereignet?

Für C. G. Jung als Psychiater und Seelenarzt, für Meister Eckhart als Theologe, Prediger und Seelsorger ist die Seele des Menschen *das* Lebensthema und damit all das, was die Seele des Menschen zu zerreißen droht, wie auch erst recht das, was sie zu heilen und zu erfüllen vermag.

Letztlich als „Seelenärzte“, was sie beide sind, verbindet Meister Eckhart und C. G. Jung vieles. Am tiefsten verbindet sie aber die Frage nach „der Seele Grund“, wie Meister Eckhart es nennt, nach dem, worin die Seele selbst gründet, wovon sie lebt und woher sie ihre Lebendigkeit bezieht.

In dieser Frage hat sich C. G. Jung am intensivsten von Meister Eckhart angezogen gefühlt, wie seine Bezugnahmen auf ihn deutlich machen, die sich durch sein ganzes Werk ziehen, nicht viel Raum beanspruchend, aber jeweils sehr pointiert eingebracht und von Jung selbst durch die lapidare Aussage kommentiert:

„Etwas mehr Meister Eckhart täte manchmal gut!“ (GW 12, § 10)

In den folgenden Kapiteln möchte ich Jungs und Eckharts zentrale Vorstellungen von der Seele in den Blick nehmen und beschreiben, worin sie letztlich gründet und wohin und in welcher Weise sie den Menschen zu seiner Ganzheit führt. So steht das spirituelle Bedürfnis des Menschen immer wieder im Zentrum dessen, was Jung mit Eckhart umkreist, verbunden mit der Frage nach einem adäquaten Gottesbild, zu dem Meister Eckhart, damals und bis heute, umstürzend neue Vorstellungen beiträgt.

Dementsprechend stellen sich die Fragen nach dem Sinn des menschlichen Lebens – für Eckhart ein höchster Wert, dem es deshalb „ohne Warum“ zu begegnen gilt. Die Lebenseinstellung, die daraus erwächst, ist bei Eckhart die Gelassenheit.

Allen zentralen Stellen in C. G. Jungs Werk, in denen er sich auf Meister Eckhart bezieht, wende ich mich im Folgenden zu, mit der Frage, worum es Jung in dieser Begegnung ging, was er durch sie hinzugewonnen hat.

Zu solcher Begegnung möchte ich alle an Meister Eckhart und an C. G. Jung Interessierten in diesem Buch einladen.

I. Meister Eckhart als Gegenüber C. G. Jungs

„Erst in Meister Eckhart spürte ich den Hauch des Lebens“ (Jung 2024, S. 84), so C. G. Jung in seinen Erinnerungen, wo er von seinen beginnenden philosophischen und religionsgeschichtlichen Studien schon in seiner Gymnasialzeit berichtet, in denen er gerne auf Pythagoras, Heraklit und Plato gestoßen war – „schön [...], aber etwas fern“ –, während ihm die mittelalterliche Scholastik wirklich fremd geblieben sei, wie er schreibt: „Ich dachte: Sie alle wollen mit logischen Kunststücken etwas erzwingen, was sie nicht empfangen haben und um das sie nicht wirklich wissen. Sie wollen sich einem Glauben anbeweisen, wo es sich doch um Erfahrung handelt! – Sie kamen mir vor wie Leute, die vom Hörensagen wussten, dass es Elefanten gibt, aber selber keine gesehen hatten. Nun versuchten sie mit Argumenten zu beweisen, dass es aus logischen Gründen dergleichen Tiere geben müsse und dass sie so beschaffen sein müssten, wie sie sind“ (ebd., S. 84f.).

Was aber war nun der „Hauch des Lebens“, der ihn bei Meister Eckhart schon früh anrührte, so dass Jung diesen „Lebensatem“ immer wieder suchte und dieser sich in seinem Werk, von den 1920er-Jahren an bis ins Spätwerk hinein, schöpferisch niederschlagen konnte? Nicht in breiten Ausführungen, aber umso konzentrierter begegnet Jung der Inspiration durch Eckhart.

Der „Hauch des Lebens“ ist für Eckhart die Leben

erweckende Erfahrung der Seele – wo sie von „Gott" gesucht und gefunden wird, ja wo „Gott" in ihr „geboren" werden kann. „Gott" aber ist für Eckhart zuerst und zuletzt, wie in vielen seiner Aussagen deutlich wird, nichts anderes als die lebendige Gegenwart des Lebens selbst.

Ehe wir in den Dialog C. G. Jungs mit Meister Eckhart tiefer einsteigen und uns mit Eckhart als Gegenüber Jungs näher beschäftigen, möchte ich wenigstens kurz einführen in die Grundlagen seines Lebens und seines Denkens: mit einer Darstellung seiner Vorstellungen auch von der Seele des Menschen, dem Thema, in dem sich Jung am engsten mit ihm verbindet.

Für C. G. Jung, und bei weitem nicht nur für ihn, gilt Eckhart von Hochheim, „Meister Eckhart" genannt, als einer der selbstständigsten, kühnsten Vordenker einer spirituellen Bewegung, der Deutschen Mystik, die er inspiriert und zugleich sprengt, da er zum Beispiel mit der weitgehend visionären Mystik des späteren Mittelalters nur wenig gemeinsam hat. Er ist vielmehr auch der Philosoph der Mystik.

Schon dass man ihn vor allem „Meister" nennt, ist einzigartig unter den großen christlichen Denkern jener Zeit – „Meister", was auf ihn als „Magister", als akademischen Lehrer der Theologie, verweist, der er war, ausgebildet und seit 1293 mehrfach an der berühmtesten Fakultät jener Zeit, der von Paris, lehrend, um 1302 schließlich dort promoviert. Ein Titel, Magister, ist es, der ihn vor allem als Meister seines Faches ausweist, der seinesgleichen sucht. Es gibt keinen „heiligen Eckhart" – wie es doch unter zahlreichen anderen theologischen

Gelehrten jener Zeit zum Beispiel einen „heiligen Augustinus“ gibt, übrigens ein wichtiger Lehrer Eckharts. Meister Eckhart also ist kein Heiliger, auch wenn er als Prediger gerade die Mitglieder der Klöster, die Ordensleute, die Nonnen und Mönche – neben den Menschen aus den freien mystischen Bewegungen jener Zeit, die eigene Lebensgemeinschaften aufbauten wie die Beginen und die Begarden – hinzureißen vermochte, und dies immer durch eine unlösbare Verbindung der Glaubensüberzeugung mit dem Lebensvollzug, eine besondere Stärke seiner Person und seiner Predigten.

War er doch selbst seit jungen Jahren ein Mitglied des Dominikanerordens von Erfurt geworden, aus dessen Umgebung bei Hochheim er stammt – 1260 geboren, 1275 eingetreten – und in dem ihm bald wichtige Funktionen zugetraut und anvertraut wurden, die ihm zum Beispiel als gewählter Abt des Erfurter Klosters zustanden, aber auch als Geistlicher und verwaltungsmäßiger Betreuer, Generalvikar ganzer Ordensprovinzen wie der von Sachsen, damals Saxonia genannt, später auch als spiritueller Betreuer und Seelsorger von Klöstern der Dominikanerinnen und Dominikaner im süddeutschen und elsässischen Raum, in seinem „Straßburger Jahrzehnt“ besonders auch von Ordensgemeinschaften der Frauen. Auch den freien Ordensgemeinschaften der Beginen und Begarden, die keine kirchliche Legitimation suchten, war er auf offene Weise zugewandt.

Gerade wegen des überragenden Echos auf seine deutschen Predigten mag er auch Neid und Eifersucht bei einigen Ordensleuten in Köln, seiner letzten Wirkungsstätte ab 1323/24, erweckt haben, die erreichten, dass ein Verfahren wegen Heterodoxie – also einer Lehre, die von der offiziellen kirchlichen abweicht – gegen ihn eröffnet wurde, zuerst in Köln. Es wurde dann, auch von ihm selbst, bis vor den Papst, der damals in Avignon residierte, weitergetragen, weil sich Eckhart damals in Köln kein geordnetes Verfahren vorstellen konnte. Das Verfahren konnte nie abgeschlossen werden, da Eckhart verstarb, während es noch in Gang war. Er verstarb aber nicht an diesem Prozess, wenn dieser ihn auch strapaziert haben mag, sondern in dem für die damaligen Verhältnisse lebensvollendenden Alter von 68 Jahren.

Doch abschließend wurden einige seiner Aussagen durch den damaligen Papst Johannes XII. als heterodox, also den damaligen Glaubensrahmen überschreitend, verurteilt. Es handelte sich jedoch bei ihnen nicht um Lehrsätze, wie man ihm unterstellte, sondern um argumentierende Aussagen innerhalb von Predigtzusammenhängen. Der ganze Vorgang beweist, dass Eckhart in manchen seiner Anliegen die Grenzen der damals kirchlich vertretbaren theologischen Anschauungen sprengte. Wie weit er ging, ließ sein ungewöhnlichstes Gebet erahnen: „Darum bitte ich Gott, dass er mich ‚Gottes' quitt mache"[1] (Predigt 52, DW II, in: Quint 1979, S. 308)[2]. „Quitt" wollte er werden der bisherigen Vorstellungen von „Gott", der bis dahin vermittelten Gottesbilder – und bittet Gott selbst darum, der nach Eckharts Perspektive und Erfahrung jeden Rahmen sprengt, in den man ihn zu fassen, in den man ihn zu bannen sucht.

Meister Eckharts theologisches Vermächtnis, das uns übermittelt ist, besteht neben den in Latein verfassten theologischen Abhandlungen vor allem aus den im damaligen Mittelhochdeutsch verfassten Sammlungen von „deutschen Predigten". Viele von ihnen beruhen auf Mitschriften damaliger Hörer, sind aber im großen Ganzen letztlich doch auf Eckhart zurückgehend überprüft und bestätigt, wie neuere Forschung erweist. Daneben existieren noch einige wichtige theologische und seelsorgerliche Abhandlungen.

Die heutige Eckhart-Forschung ist lebendiger als die zu anderen theologischen Autoren jener Zeit. Eckhart und sein Denken erlebten seit dem 20. und dem Beginn des 21. Jahrhunderts eine ausgesprochene Renaissance. Natürlich hat dies auch mit seinem damaligen, den engeren Rahmen kirchlicher Lehre sprengenden Denken zu tun.

Eckhart hat auch über anonyme, nicht von ihm selbst stammende, aber in seinem Geist verfasste Schriften wie die „Theologia deutsch" das theologische Denken beeinflusst, bis hin zur beginnenden Reformation, wo er zum Beispiel den jungen Martin Luther erreichte, und von daher im Rahmen der reformierten Kirchen immer wieder an Boden gewann. Er hat bis in die Gegenwart hinein auf die evangelische Theologie eingewirkt, wie nicht zuletzt auch Eckharts geachteter Platz in Dorothee Sölles Buch über Mystik erweist (Sölle 2014).

Auch innerhalb der tiefenpsychologischen Schule und Forschung seit C.G. Jung hat er seinen Platz eingenommen: So wünschte sich Theodor Seifert, der namhafte Jung'sche Tiefenpsychologe, der selbst einen Artikel über Eckharts Vorstellung vom „Seelenfunken“ geschrieben hat (Seifert o. J.), zu seinem runden Geburtstag einen Text über Meister Eckhart, den ich ihm mit einem Beitrag zum Thema „‚Leben ohne Warum‘ – Alt werden mit einem Gedanken von Meister Eckhart“ zu erfüllen suchte, aus dem ich im nächsten Kapitel einige Formulierungen einbringen möchte.

2. Ohne Warum[3]

Zunächst will ich Meister Eckhart als Gegenüber C. G. Jungs nicht nur in seinen eigenen Lebensumständen vorstellen, sondern auch in seiner ureigenen Denkart, mit der er sich auch der Frage nach dem Warum des Lebens annähert, einer Frage, die – und dann oft quälend – hinter so vielen psychischen Blockierungen und Verwicklungen steht und die im Zusammenhang zu sehen ist mit einer schon damals verengten Gottesvorstellung – die zuvor doch vor allem eine Vorstellung von Gott als Lebensquelle gewesen war –: der Vorstellung vom „Leben selbst". So bei Eckhart: „Wer das Leben fragte tausend Jahre lang: ‚Warum lebst du?' – könnte es antworten, es spräche nichts anderes als: ‚Ich lebe darum, *dass* ich lebe.' Das kommt daher, weil das Leben aus seinem eigenen Grunde lebt und aus seinem Eigenen quillt; darum lebt es ohne Warum eben darin, dass es (für) sich selbst lebt" (Predigt 5b, DW I, in: Quint 1979, S. 180).

So spricht Meister Eckhart über „das Leben", vielmehr, so lässt er es sprechen. Sofern wir alle am Leben teilnehmen, haben wir also auch teil an diesem „ohne Warum", „sunder warumbe", wie es in Eckharts mittelalterlichem Deutsch heißt, und könnten die kühne Aussage mit ihm machen: „Ich lebe darum, *dass* ich lebe."

Kühn – weshalb? Darf, ja muss man es so nennen? Eckhart fragt: „‚Warum lebst du?' – ‚Traun, ich weiß es nicht! (Aber) ich lebe gerne!'" (Predigt 26, DW II, in: Quint 1979, S. 384) Kühn, weil es alle verkrampfte Suche nach einem speziellen Sinn überflüssig machte – und was haben sich Philosophie, Theologie und nicht zuletzt auch die Psychologie samt Psychotherapie damit abgequält! Auf ein solches überlegenes Denken und Empfinden stößt C. G. Jung bei Meister Eckhart, dem er seit seinen frühen Jahren immer wieder in seinen Studien begegnet ist und den er zu allen Zeiten in seinem Lebenswerk zitiert und zu Wort kommen lässt.

Aber trägt denn diese Antwort auch: „Ich lebe darum, *dass* ich lebe"? Trägt sie angesichts des ungeheuren Widersinns, auf den menschliches Leben in dieser Welt, in dieser Zeit – ebenso wie übrigens zu Eckharts Zeit auch – immer wieder stößt? Aber nach vielem Nachdenken darüber frage ich zurück: Trägt sie nicht letztlich besser als all die oft verkrampften Versuche, dem Unsinn, dem Widersinn, den das Leben uns auch zumutet, jeweils einen Sondersinn abzutrotzen?

Bei allen Erfahrungen des Unsinns, des Widersinns und auch immer wieder einmal des Sinnes, die ja alle zum Leben gehören, gilt nicht dennoch und vor allem anderen: Ich lebe darum, *dass* ich lebe? „Was ist mein Leben? Was von innen her aus sich selbst bewegt wird" (Predigt 5a, DW I, in: Quint 1979, S. 176).

Dies spricht von einem Mehr, einem Mehr-Wert, einem Bedeutungsüberschuss des Lebens, der Teilhabe am Leben selbst gegenüber allen versuchten Sinn-Deutungen. Und es gilt für mich, sofern ich mich mit meinem eigenen Leben auch in Eckharts einzige Begründung für das Leben als Ganzes einbezogen weiß: „Das kommt daher, weil das Leben aus seinem eigenen Grunde lebt und aus seinem Eigenen quillt; darum lebt es ohne Warum eben darin, dass es (für) sich selbst lebt" (Predigt 5b, DW I, in: Quint 1979, S. 180). Aus seinem eigenen Grunde, das heißt für Eckhart zugleich aus Gottes Lebensgrund selber. „Leben" ist für ihn ein hoher, ein höchster Wert.

Nach Eckhart ist nichts so begehrenswert wie das Leben. Und es ist kein Leben so böse, so beschwerlich, dass der Mensch nicht dennoch leben möchte: „Warum issest du? Warum schläfst du? Auf dass du lebest. [...] Aber: Warum lebst du? Um des Lebens willen, und du weißt dennoch nicht, wozu du lebst" (Predigt 6, DW I, in: Quint 1979, S. 184), so Eckhart. So begehrenswert ist das Leben in sich selber, dass man es um seiner selbst willen begehrt. Leben ist edler als bloßes Sein.

Noch einmal gefragt also: „‚Warum lebst du?' – ‚Traun, ich weiß es nicht! (Aber) ich lebe gerne!'" (Predigt 26, DW II, in: Quint 1979, S. 384)

Welche Qualität dieses Eine – am Leben zu sein, am Leben teilzuhaben – bereits immer schon hat, das spüren gerade wir Älteren, wenn wir mitten im Leben stehen, in besonderer Intensität. Ist es nicht so? Wir hängen im Allgemeinen doch am Leben, obwohl wir uns über manches, manchmal über vieles beklagen, was es unweigerlich auch mit sich bringt: gesundheitliche Probleme, Einschränkungen, Verluste vor allem und Abschiede vieler Art. Wir haben nichtsdestotrotz so etwas wie eine „Anhänglichkeit gewonnen an diese grüne Erde", wie es der sehr alt gewordene George Bernhard

Shaw einmal ausdrückte. Und es kann eben deshalb etwas aufkommen wie „Dankbarkeit“ für jeden geschenkten Tag, wie auch für heute.

So kann Dankbarkeit aufkommen für jede uns mögliche Tätigkeit, jede schöpferische Arbeit, jede Idee, jeden Text, jedes Bild, das entsteht. Jede neue Begegnung mit Menschen tut gut, Menschen, die uns anregen, herausfordern oder auch mit uns übereinstimmen. Jede Wiederbegegnung mit vertraut gewordenen Freunden tut gut.

Vielleicht verstehen wir nun auch besser, was Eckhart meint, wenn er sagt – und darin sind sogar jene Werke eingeschlossen, von denen wir vielleicht in irgendeinem Sinne meinen, sie für „Gott“ zu tun: „Aus diesem innersten Grunde sollst du alle deine Werke wirken ohne Warum. Ich sage fürwahr: Solange du deine Werke wirkst um des Himmelsreiches oder um Gottes oder um deiner ewigen Seligkeit willen, (also) von außen her“ – so nennt er das! –, „so ist es wahrlich nicht recht um dich bestellt. Man mag dich zwar wohl hinnehmen, aber das Beste ist es doch nicht. Denn wahrlich, wenn einer wähnt, in Innerlichkeit, Andacht, süßer Verzücktheit und in besonderer Begnadung Gottes mehr zu bekommen als beim Herdfeuer oder im Stalle, so tust du nicht anders, als ob du Gott nähmest, wändest ihm einen Mantel um das Haupt und schöbest ihn unter eine Bank“ (Predigt 5b, DW I, in: Quint 1979, S. 180) – also machtest du ihn zu einem Gegenstand, mit dem du machen kannst, was du willst: „Denn wer Gott in einer (bestimmten) *Weise* sucht, der nimmt die Weise und verfehlt Gott, der in der

Weise verborgen ist. Wer aber Gott *ohne* Weise sucht, der erfasst ihn, wie er in sich selbst ist" (ebd.). Nur wer Gott in keiner bestimmten Weise sucht, „ohne Warum", kann ihm nahekommen – denn er ist das Leben selbst.

Wer also Gott ohne eine bestimmte Weise sucht, das Wesentliche im Leben, das Wesen des Lebens selbst, der begegnet ihm – so Eckhart – mitten im Leben, vielleicht bei der Hausarbeit oder mitten im Gespräch mit einem verstörten Menschen. So sehr wir die sogenannte „Innerlichkeit" schätzen mögen, auch meditative Wege zu ihr – gerade Eckhart erinnert daran, dass uns das Wesentliche des Lebens nicht weniger im gelebten Alltag, in der Alltagsarbeit begegnen kann, vor allem dann, wenn sie „ohne Warum" um ihrer selbst willen geschieht. Sie muss auch über sich selbst hinaus nichts „bringen".

Eine Spiritualität im Sinne Meister Eckharts ginge mit einem prinzipiell anderen Verhältnis zur Welt einher, als es die Instrumentalisierung des Lebens, die gerade heute um sich greift, uns aufoktroyieren will. Dazu Meister Eckhart: „Wer nun einen wahrhaftigen Menschen, der aus seinem eigenen Grunde wirkt, fragte: ‚Warum wirkst du deine Werke?' – sollte er recht antworten, er spräche nichts anderes als: ‚Ich wirke darum, *dass* ich wirke'" (Predigt 5b, DW I, in: Quint 1979, S. 180). Bei allem, was uns wirklich wichtig ist in unserem Leben, ist es doch so, dass wir es tun, auch ohne Dank dafür zu erwarten, auch ohne Gegenleistung – weil es eine Herzensangelegenheit ist, weil es aus Liebe geschieht, aus innerer Notwendigkeit.

Eckhart sagt einmal: „Was wir eingenommen haben in der Kontemplation, das geben wir aus in der Liebe" (zitiert nach: Otto 1979, S. 241).

Wenn wir analog zu dem größeren Leben, an dem wir teilhaben, adäquat zu dem Leben, das „aus seinem eigenen Grunde lebt und aus seinem Eigenen quillt" (Predigt 5b, DW I, in: Quint 1979, S. 180), leben wollen, dann zieht dies eine ähnliche Haltung in allen Bereichen nach sich, vor allem aber im Bereich unserer Beziehungen. So wieder Meister Eckhart: „Liebe aber hat kein Warum. Hätte ich einen Freund und liebte ihn darum, dass mir Gutes von ihm geschähe und mein voller Wille, so liebte ich nicht meinen Freund, sondern mich selbst. Ich soll meinen Freund lieben um seiner eigenen Güte und um seiner eigenen Tugend und um alles dessen willen, was er in sich selbst ist [...]" (Predigt 28, DW II, in: Quint 1979, S. 299). Das Gleiche gilt natürlich für unseren Umgang mit anderen Menschen, die uns im Alltag begegnen.

Die Liebe kennt wie die Rose – von der, wie schon erwähnt, der spätere Eckhart-Schüler Angelus Silesius spricht – kein Warum: „Die Ros ist ohn warum; sie blühet, weil sie blühet [...]" (Angelus Silesius 1982, S. 83). Das Blühende in meinem Leben, die mystische Rose der Liebe, sie hat kein Warum. Sie blüht auch nicht nur in der Zweierbeziehung, sondern ebenso in Gruppen, in Arbeits- und Teambeziehungen zwischen den Menschen. Erinnern wir uns doch daran, wie manche Menschen von da an zu uns Vertrauen fassten, als wir auch nur ein wenig von dem realisierten, was Eckhart meint: Menschen zu schätzen um dessentwillen, was deren Eigenes ist, und nicht nur um dessentwillen, was sie uns oder unseren jeweiligen Vorhaben bringen.

Was könnte dieses „Ohne Warum“, in dem wir leben wollen, leben können, da das Leben selber auch in ihm lebt, noch meinen?

Es bedeutete zu leben ohne Zweckdenken, ohne Berechnung, ohne dass man in Wirklichkeit etwas nur um eines anderen Zweckes willen tut und damit das Leben in den Dienst für eigene Interessen einspannte, so wie manche Eltern sich nur deshalb ein Kind wünschen, damit es ihnen eine unbestimmte Sehnsucht oder eine bestimmte Aufgabe erfüllt. Und so brauchen auch wir zum Beispiel nicht mehr für etwas anderes einzustehen als für uns selbst, ein jeder Mensch in der ihm von Gott gegebenen Art!

Diese Auffassung, dass das Leben für sich selbst steht, hat etwas von einer wundersamen Freiheit, von der wir in allen Lebensphasen etwas ahnen, die uns aber vielleicht gerade in den an Erfahrung reichen späteren Lebensabschnitten erst voll bewusst wird. Diese Haltung stellt uns frei, macht uns frei, das zu leben, was in uns leben und was aus uns heraus leben möchte. Weil es in uns angelegt ist. Es ermöglicht uns auch ein Lassenkönnen, ein Loslassen, wo es erlaubt oder gar geboten scheint. Es ermöglicht uns die Einstellung, ja die Haltung der Gelassenheit, über die Eckhart gründlich nachgedacht hat, so überzeugend, dass dieses Wort „Gelassenheit“, das von ihm geprägt worden war, in die deutsche Sprache eingegangen ist, die es zuvor nicht gekannt hatte (Traktat: Reden der Unterweisung,

DW V, in: Quint 1979, S. 55–57). Auch C.G. Jung wandte sich dieser Einstellung zu, zum Beispiel in seinem Beitrag über die Möglichkeit eines westlichen Wu-Wei, einer Haltung des Lassenkönnens. Und diese Haltung hatte er zuerst bei Meister Eckhart kennengelernt.

Dieses Loslassen und Lassenkönnen befreit uns zum Beispiel zur Muße, zum Nachdenken, zum Querdenken auch, wie wir es schon immer gerne wollten, aber unter so manchen Anpassungszwängen zu wenig getan haben, befreit uns auch dazu, selbst immer wieder einmal etwas frei zu gestalten, zu malen, zu schreiben, zu musizieren. Es befreit uns zu einem schöpferischen Tun, das kein Publikum braucht, weder Beifall noch Kritik. Denn es geschieht aus der Freude heraus, sich auszudrücken – ohne Warum.

Leben um des Lebens willen, ohne Warum, das meint nicht nur zweckfreies Nichtstun – das allerdings auch! –, es meint auch unverzwecktes Tun: Einem Menschen in körperlicher oder auch seelischer Not beizustehen, auch wenn er es nicht entgelten kann, einem Menschen, mit dem es eindeutig abwärts geht, auch wenn es selbst mitverschuldet wäre, etwa unter Drogeneinfluss, der aber nicht unbegleitet sein soll; hinter einer gefährdeten Sache zu stehen, auch wenn sie wenig Chancen hat, die aber des Einsatzes, der Liebe wert ist, auch in Konflikten dabeizubleiben, weil sie geistigen Horizont und geistige Heimat bedeutet; sich für eine Sache einzusetzen, die das mutige Wort, den Einspruch und Zuspruch eines unabhängigen Menschen benötigt – das wäre es.

Anstelle des „sunder warumbe“ aber kommt heute

jedoch sogar im Gesundheitswesen allzu oft eine Markt-Mentalität auf, die alles nach Kosten und Nutzen berechnet. Meister Eckhart spricht in diesem Zusammenhang auch in seiner Zeit vom „Geist der Kaufmannschaft", der dem „do ut des" verhaftet sei, dem „ich gebe, damit du gibst". Wenn ich zum Beispiel deshalb etwas verspreche, damit ich eine Gegenleistung bekomme, bin ich im Geiste der Kaufmannschaft noch befangen.

Auch Erich Fromm hat sich dem ethischen Denken Meister Eckharts geöffnet, als einem grundlegenden Wechsel vom Haben zum Sein, und hat ihm eine außerordentliche Aufmerksamkeit gewidmet und einen großen Einfluss auf sein sozialethisch-psychologisches Lebenswerk eingeräumt, vor allem in *Haben oder Sein* (Fromm 1989, S. 317ff.).

Es gibt aber auch ein anderes Sprechen zueinander. Eine unmittelbare Sprache gibt es, die nicht vom anderen etwas will, sondern die Freude am anderen ausdrückt oder auch die Klage, das Staunen und die Liebe mit ihm teilen will: „Sie zielte nicht auf etwas ab, das ich erbeuten kann, sondern versammelte mich im Jetzt" (Sölle 2014, S. 88).

Wenn dies aber für die Beziehung zwischen Menschen gilt, so gilt es bei Eckhart auch in der Beziehung zu „Gott". Eckhart bringt hierzu einen geradezu humoristischen religionskritischen Vergleich: „Aber manche Leute wollen Gott mit den Augen ansehen, mit denen sie eine Kuh ansehen, und wollen Gott lieben, wie sie eine Kuh lieben. Die liebst du wegen der Milch und des Käses und deines eigenen Nutzens. So halten's alle jene

Leute, die Gott um äußeren Reichtums oder inneren Trostes willen lieben; die aber lieben Gott nicht recht, sondern lieben ihren Eigennutz“ (DW I, Predigt 16b, in: Quint 1979, S. 227).

Meister Eckhart sieht da scharf. Nicht nur diejenigen, die mit Gottes Hilfe – und unter Nutzung des Gebets – zu äußerem Erfolg, zu Glück und Reichtum gelangen wollen, lieben Gott nicht recht in seinen Augen, sondern auch diejenigen, die ihn wohl mehr um des inneren Trostes willen lieben, zum Beispiel so im Blick auf unser Sprechen mit Gott: „Ich sage etwas, um etwas zu erreichen oder etwas zu bekommen. [...] Ich bin noch in dem, was Meister Eckhart den Geist der ‚koufmanschaft‘ nennt“ (Sölle 2014, S. 88). Dem wäre ein anderes Sprechen zu Gott entgegenzusetzen, wie es im Staunen, in der Dankbarkeit geschieht. Was aus der Tiefe des Herzens heraus spricht, ist dann nicht länger das berechnende Ego, sondern die liebende Seele, in der Gott geboren werden kann. „Durch das Erkennen nehme ich Gott in mich hinein; durch die Liebe hingegen gehe ich ein in Gott“ (Predigt 6, DW I, in: Quint 1979, S. 186).

Bei dem allen wird Eckhart nicht müde, die Unzulänglichkeit aller festgelegten objektivierten Gottesbilder im Vergleich zu der transzendenten Wirklichkeit Gottes, also der Begegnung mit „dem Leben selbst“, zu betonen, überhaupt die ganze Vorstellung, Gott sei ein Objekt, grundsätzlich in Frage zu stellen, und daher gelangt er zu dem verwegenen Satz, den ich bereits zitiert habe – zu einem unvergleichlichen Eckhart-Satz, auch in seiner sprachlichen Prägnanz, den ich deshalb gerne wiederhole: „Darum bitte ich Gott, dass er mich ‚Gottes' quitt mache" (Predigt 52, DW II, in: Quint 1979, S. 308).

Ein unerwarteter Gedanke? Gott um Gottes willen zu lassen, „Gottes" quitt zu werden, das hieße ja, „Gott" loszulassen, hieße jedenfalls, ein Bild Gottes, eine Art, über Gott zu reden und zu denken, die vielleicht lange für uns gestimmt hat, auch wieder aufzugeben. Ein allseits bekannter Gott ist für Eckhart viel zu eng angesichts der möglichen göttlichen Wirklichkeit des Lebens selbst, die alles durchdringt und alles umfasst. „Gott" wie irgendein anderes Objekt unserer Erkenntnis zu behandeln, bedeutete für Eckhart bereits, ihn zu einem verfügbaren Gegenstand zu machen, eben „als ob du Gott nähmest, wändest ihm einen Mantel um das Haupt und schöbest ihn unter eine Bank" (Predigt 5b, DW I, in: Quint 1979, S. 180).

Von ebendiesen radikalen Fragestellungen Eckharts fühlt sich auch C. G. Jung in seinem lebenslangen Interesse am Stellenwert der Religion als seelische Erfahrung angesprochen, fühlt er sich in den Gottesbildern in ihrer Bedeutung für die Psyche und für die seelische Gesundheit des Menschen berührt und herausgefordert.

Es ist vor allem in Eckharts deutscher Predigt über die Reinigung des Tempels von Händlern und Geldwechslern (Predigt 1, DW I, in: Quint 1979, S. 153–158) gesagt, dass Eckhart das Freiwerden von Egozentrik jener Händlermentalität gegenüberstellt. Von der Würde des Menschen, der lebt ohne Warum, weiß die Kaufmannschaft in ihrem Denken in Kaufwerten und Tauschwerten nichts.

Vor diesem Hintergrund taucht die grundsätzliche Frage nach der Möglichkeit auf, jemals zu einer inneren Unabhängigkeit vom Nützlichkeitsdenken zu kommen. Letztlich stellt sich mit der Frage nach der Gewinnsucht auch die nach der Selbstsucht, der Ich-Befangenheit, und danach, wie es jemals gelingen könnte, auch zu einer gewissen Ich-Freiheit zu gelangen.

Eckhart betont dieses Ledigwerden als einen radikalen Gegenbegriff zum Geist der Kaufmannschaft. Das Wort „ledig" hat dabei ein großes Bedeutungsspektrum, das von „ohne Lasten sein" bis zu „nicht leibeigen sein" und – wie auch im heutigen Sprachgebrauch – „unverheiratet sein" reicht. Ledig wären also auch diejenigen zu nennen, die nicht unscheidbar verheiratet wären mit sich selbst, mit ihrem momentanen Selbstbild, mit ihren eigenen Interessen und Bedürfnissen. „Ledig" wäre das Gemüt zu nennen, das – so Eckhart – „sich des Seinigen entäußert hat" (Traktat: Reden der Unterweisung, Kap. 2, DW V, in: Quint 1979, S. 55), das sich lassen kann, in „Gelassenheit", um den Ruf des Lebens selbst zu hören und ihm zu folgen. In diesem Sinne und nicht anders spricht Eckhart von der Ich-Freiheit als einem Gegensatz zur Ich-Verhaftung und zur Ich-Sucht: „Das ist ein lediges Gemüt, das durch nichts beirrt und an nichts gebunden ist, das sein Bestes an keine Weise gebunden hat und in nichts auf das Seine sieht, vielmehr völlig in den liebsten Willen Gottes versunken ist und sich des Seinigen entäußert hat" (ebd.).

Die innere Freiheit, die Eckhart meint, besteht also in der Übereinstimmung des eigenen Seins und Willens mit dem Willen „Gottes“ oder mit dem „Sein selbst“, wie schon Augustinus „Gott“ beschreibt und benennt, während Meister Eckhart bei seiner dynamisch-schöpferischen Vorstellung noch lieber vom „Leben selbst“ sprechen kann, wenn er sich auf „Gott“ bezieht, wie auch ich heute gerne sage. Ich sage wohlgemerkt nicht einfach „das Leben“, sondern ich sage „das Leben selbst“, weil es einem wie personal als ein Gegenüber begegnen kann, und ich verstehe dabei das Leben als Numinosum und als das mir Heilige. Von „Ehrfurcht vor dem Leben“ sprach übrigens schon Albert Schweitzer (2013).

Ist es nicht so, wie ich es immer wieder empfinde? Eckhart spricht vom „Leben selbst“, an dem wir alle partizipieren, wie man von Gott sprechen könnte und wie er selbst es auch tut als von etwas Unableitbarem, dem wir uns verdanken, das uns umfasst und birgt und ständig neu hervorbringt, so dass Gott also der lebendige Atem dieses Lebens wäre, das „ohne Warum“ aus seinem eigenen Grunde lebt und aus seinem Eigenen quillt. Sich einzustimmen also auf den Willen und das Sein Gottes, das hieße nichts anderes, als sich einzustimmen auf dieses „Leben ohne Warum“. Es hieße, alles abzutun, was anstelle dessen beansprucht, mir ein letzter Sinn zu sein.

Den Sonderwillen und das egozentrische Sondersein loszulassen, um sich ebendiesem größeren Sein, dem Sein selbst, zu öffnen und hinzugeben, das hieße, sich in aller inneren Freiheit dem Leben zu geben, das sich mir schenkt und dem ich mich verdanke, das auch aus meinem Grunde lebt, aus meinem Ureigenen quillt, der ja dem Urgrund des Lebens angeschlossen ist und nun keine Begründung und kein Warum mehr braucht, weil es authentisch ist – in Übereinstimmung mit dem, was ich im Innersten bin. Es ist höchste Erfüllung und schönste Freiheit, das zu leben, was das Leben, an dem ich teilhabe, von mir will. Da wäre Gott in mir lebendig geworden. Das Sich-lassen-Können im Vertrauen auf ein größeres Ganzes, das trägt, hat C. G. Jung selbst, wie er schreibt, zuerst bei Meister Eckhart kennen- und leben gelernt.

Diese Übereinstimmung mit „dem Leben selbst" schließt uns zugleich an eine ungeheure Kraft des Lebendigen an: Wir existieren dann im Kraftfeld des Lebens, das uns gänzlich durchdringt. So lautet eines der verheißungsvollen Worte Meister Eckharts: „Darum lasst euch nicht durch kleine Dinge verwirren, denn ihr seid ja nicht zu Kleinem geschaffen" (zitiert nach: Thiele 1989, S. 110). Alle Dinge werden vielmehr denen „gottfarben" – so Johannes Tauler, ein Schüler Meister Eckharts –, die Gott im Leben selbst wahrnehmen und erkennen, so dass sie künftig leben können „ohne Warum".

Dem „ohne Warum" Eckharts, das ein tiefgehendes Echo in ihm auslöste – spürte er darin doch von Jugend an den „Hauch des Lebens" (Jung 2024, S. 84) –, sucht C. G. Jung auf seine Art zu entsprechen: „Das Geschehenlassen, das Tun im Nicht-Tun, das ‚Sich-Lassen' des Meister Eckhart wurde mir zum Schlüssel, mit dem es gelingt, die Türe zum Weg zu öffnen: *Man muss psychisch geschehen lassen können.* Das ist für uns eine wahre Kunst [...]" (GW 13, § 20).

Es traf sich gut, dass Jung, dem Eckharts Lebenseinstellung des „ohne Warum" schon nahegekommen war, hierbei noch eine Unterstützung durch den Geist des Ostens erfuhr, als ihn der Sinologe Richard Wilhelm um 1925 mit dem taoistischen Text „Das Geheimnis der goldenen Blüte" vertraut machte. Doch da hatte Jung sein entschiedenes positives Echo auf Meister Eckhart schon in die Öffentlichkeit hinausgesandt: in seiner ersten Veröffentlichung von 1920/1921 zu Meister Eckhart, in der er von ihm als von einer geistigen Entdeckung schrieb (GW 6, §§ 407–433).

Jung lässt sich vor allem auf Eckharts Vision von einer „Gottesgeburt in der Seele" ein, auf die er dann selbst mehrfach in seinen Werken zurückkommt.

3. Die Gottesgeburt in der Seele

Es fällt einem bei der Lektüre seiner Schriften immer wieder auf, dass C. G. Jung auf Meister Eckhart zurückkommt. Durch Zufall habe ich seinerzeit einen zusammenhängenden Text von Jung über Meister Eckhart und die Bedeutung Eckharts für ihn selbst gefunden: in GW 6 über „Psychologische Typen“ und hier eingebettet in seine Überlegungen zum „Typenproblem in der Dichtkunst“ (GW 6, §§ 275–460). Es ist ein Text von 1921 mit der Überschrift: „Die Relativität des Gottesbegriffs bei Meister Eckhart“ (GW 6, §§ 407–433). Dieser Text gehört noch zu Jungs frühen Schriften; zum Beispiel gebraucht er hier noch nicht den Begriff „das Selbst“ für die Ganzheit des Menschen, er spricht vielmehr durchweg von der „Seele“.

Doch beginnen wir auch hier mit Meister Eckharts eigenen Gedanken, diesem „Lehr- und Lebemeister“ – wie man ihn nannte – des 13. Jahrhunderts. Für mich gehört es zum Eindrucksvollsten an seinem Denken, dass er, wie schon erwähnt, von Gott auch als vom „Leben selbst“ spricht: „Und er ist das Leben selbst“ (Predigt 5b, DW I, in: Quint 1979, S. 180) – so an zentralen Stellen seines Werkes. Nicht einfach alles, was wir im Alltag so über „das Leben“ sagen, ist damit gemeint, natürlich nicht, aber das, was uns eigentlich lebendig macht – wie der Herzschlag, der Atem des Lebens, zum Beispiel auch ganz konkret: Wenn wir wirklich unserem Herzschlag, unserem Atem nachspüren, da merken wir: Es ist unser eigenes Herz, das schlägt, aber *dass* es schlägt, das haben wir nicht in der Hand; das haben wir nicht selbst bewirkt und können es nur sehr begrenzt beeinflussen – ebenso wenig wie unseren Atem, den Austausch der Luft in unseren Lungen mit der uns umgebenden Luft, mit dem Sauerstoff zum Beispiel, den die Bäume ausatmen. Es atmet in uns. Ein größeres Ganzes atmet in uns. Das Leben selbst atmet in uns. So können wir es verspüren.

Für Eckhart würde also kein lebendig atmendes Wesen, erst recht kein Mensch aus diesem Atem des „Lebens selbst“ herausfallen – die Frage, ob „Gott“ sei, wäre unter dieser Voraussetzung so überflüssig wie die, ob Leben ist. Ein Unterschied für uns Menschen wäre nur der, ob dies alles ganz unbewusst geschähe, ob wir nur unbewusst vom Leben selbst getragen wären oder ob es so etwas wie ein bewusstes, ein geistiges und ein seelisches Aufwachen dafür gebe, für die Wahrnehmung, dass das Leben selbst – also Gott selbst, um mit Eckhart zu sprechen – uns trägt: wie schon der Apostel Paulus damals auf dem Areopag auf die Frage nach dem unbekannten Gott antwortet: „In ihm leben, weben und sind wir“ (Apg 17,28).

Wir sind dazu eingeladen, im Geiste Eckharts erneut über die Frage nach „Gott“ nachzudenken – wie auch in den Medien das Thema „Gott neu denken“ immer wieder behandelt und stark beachtet wird. Vor einiger Zeit gab es sogar eine Ausgabe des „Spiegel“ mit den Symbolen Kreuz, Davidsstern und Halbmond auf der Titelseite, unter dem Thema: „Gott, Gott, ach Gott“ (Der Spiegel 18, 2018).

Auch C. G. Jung geht es darum, im Geiste Eckharts erneut über unsere Vorstellung von Gott nachzudenken, wie wir uns nicht nur unbewusst von ihm tragen lassen können, gleichsam als „vom Leben selbst“, sondern wie uns eben „das Leben selbst“ als Gottes Leben erfüllen, wie wirklich „Gott“ in unserer Seele immer wieder neu geboren werden kann. Dies ist ein Bild, eine Vorstellung, eine psychische Wirklichkeit, die uns kaum einer so nahebringen kann wie Meister Eckhart, und wie sie unter Eckharts Perspektive auch Jung inspirieren konnte.

In seiner deutschen Predigt 38 stellt Meister Eckhart zum Beispiel die Frage: „Warum beten wir, warum fasten wir, warum tun wir alle unsere Werke, warum sind wir getauft, warum ist Gott Mensch geworden, was das Höchste war?“ Eckhart antwortet: „Ich würde sagen: darum, auf dass Gott in der Seele geboren werde und die Seele (wiederum) in Gott geboren werde. […] Eines jeden Kornes Natur zielt auf Weizen, und alles Metalles Natur zielt auf Gold, und jedes Gebären zielt auf den Menschen“ (Predigt 38, DW II, S. 679).

Ich wiederhole Eckharts entscheidenden Satz hier bewusst noch einmal mit eigenen Worten: Menschwerdung, als ein Mensch, in dessen Seele Gott geboren wird, wäre nach dieser Vorstellung das Höchste am Menschsein: In diesem Sinne wäre alles Korn Weizen und alles Metall Gold. Diese Vorstellung einer „Gottesgeburt in der Seele“ versucht Angelus Silesius durch seinen „Cherubinischen Wandersmann“ nachzusprechen in seinem bekannten Vers:

„Wird Christus tausendmal in Bethlehem geboren
Und nicht in dir, du bleibst doch ewiglich verloren."
(Angelus Silesius 1982, S. 56)

So wie wir, alle Jahre wieder, Advent und Weihnachten feiern, ist es sinnvoll, mit Eckhart – in seiner besonderen Sprache – über die Möglichkeit einer „Gottesgeburt in unserer Seele" erneut nachzudenken, die immer neu geschehen kann und soll, solange wir leben.

Auch C. G. Jung zitiert diesen Satz von der „Gottesgeburt" mehrfach in seinen Werken als ein „schönes Wort von Meister Eckhart", so schon in seinen frühesten zusammenfassenden Überlegungen zu Meister Eckhart aus dem Jahr 1921: „Wenn man mich fragt: ‚Warum beten wir, warum fasten wir, warum tun wir alle guten Werke […]?' – ich antwortete: Darum, damit Gott in der Seele geboren werde und die Seele wiederum in Gott. […] Hier spricht es Eckhart deutlich aus", so meint Jung, „dass Gott in einer unzweifelhaften Abhängigkeit von der Seele steht, und zugleich, dass die Seele die Geburtsstätte Gottes ist" (GW 6, § 425f.), vielmehr dies sein kann, insofern sie der Erfahrungsraum des Numinosen ist. Die Seele als Wahrnehmungsfunktion des Bewusstseins erfasst Inhalte aus der Tiefe des Unbewussten, und als schöpferische Funktion gebiert sie deren Kräfte sowie deren Dynamik in symbolischer Form und gibt ihnen sprachliche Gestalt.

Was also kann Meister Eckharts Vorstellung von einer „Gottesgeburt in der Seele" bedeuten? Sie verheißt, dass „Gott" in uns lebendig werden könne, zum Beispiel im imaginierten Bild und in der darin erfahrbaren Beziehung. „Geburt“ besagt, dass daraus etwas Lebendiges entspringt, mit dem wir ein Leben lang in Beziehung treten. An diese Vorstellung Eckharts von der „Gottesgeburt in der Seele“ kann Jung in seinen späteren psychologischen Konzepten anknüpfen, zum Beispiel in dem eines „Selbst“, in dem sich das Ich mit der Weite und Tiefe eines transpersonalen Unbewussten verbindet (zum „Selbst“ siehe auch Kapitel 12, S. 102–111).

Voraussetzung für „Gott in uns“ ist Meister Eckharts Vorstellung von der menschlichen Seele, wie er sie im Traktat „Vom edlen Menschen“ beschrieben hat: „Wer ist denn nun edler, als der einerseits vom Höchsten und Besten, was die Kreatur besitzt, geboren ist und zum andern aus dem innersten Grunde göttlicher Natur und dessen Einöde?“, so fragt er und bezieht sich zugleich auf die Bibelstelle Hosea 13,5: „‚Ich‘, spricht unser Herr im Propheten Osee, ‚will die edle Seele führen in eine Einöde, und ich will dort sprechen in ihr Herz‘“ (Traktat: Vom edlen Menschen, DW V, in: Quint 1979, S. 149). So sieht es für Eckhart von der – „imaginierten“ – Perspektive Gottes her aus: als habe die Seele zwei untrennbar zusammengehörige Hälften, die eine, die sich dem „Höchsten und Besten“ der Kreatürlichkeit verdankt, die andere aber „dem innersten Grunde göttlicher Natur“. Beide gehören unlösbar zusammen.

Meister Eckhart also spricht vom „Seelengrund“, der dem Menschen eine unmittelbare Verbindung zu Gott ermögliche – sei er doch der Ort der Verbundenheit Gottes selbst mit dem Menschen, dessen dieser sich auch bewusst werden kann. Das Wahrnehmen dieser unerhörten und zugleich unbegreiflichen Zusammengehörigkeit bedeutet aber für den Menschen, dass er darüber zu sich selbst kommt, vielmehr es bedeutet – mit dem umwerfend bildhaften Ausdruck Meister Eckharts gesagt –, die „Gottesgeburt in der Seele" wahrzunehmen.

Eckharts mystische Vorstellung zielt auch auf eine Geburt in einem bestimmten Raum und Rahmen, auf eine „Geburt in der Seele". Und wenn es auch nicht um die Geburt eines Kindes geht, so doch um die Geburt von etwas höchst Lebendigem, um die intensivste lebendige Wirklichkeit, die unsere Menschenseele sich überhaupt vorstellen kann: Anteil zu bekommen an Gott, ein Teilhaben an der göttlichen Wesenheit, an dem, was im tiefsten Sinne des Gemeinten auch ein Zu-sich-selbst-Kommen des Menschen ist, ein Zu-sich-selbst-Kommen in Gott. Denn sein Wesen basiert auf Gottes Wesen.

Die „Gottesgeburt in der Seele" darf also als das Zentrum von Meister Eckharts Theologie gelten, die auf C. G. Jung großen Einfluss gehabt hat. „Gottesgeburt in der Seele" – wenn ich davon höre und es auf mich wirken lasse, die Bilder mitvollziehe, so fällt mir im christlichen Kulturkreis natürlich die Weihnachtsgeschichte ein, in der in ärmlichster Umgebung, unterwegs auf einer schwierigen Reise, ein besonderes Kind geboren wird, ein Kind aus Gottes Gnaden, ein Gotteskind.

Dies nachzuvollziehen, sich von diesem Kind angezogen zu fühlen, es in die eigene Seele aufzunehmen, das ist wohl der erste Zugang zu Meister Eckharts Vorstellung von der Gottesgeburt in der Seele. Aber wenn wir sie genauer verstehen wollen, so spüren wir, dass es den Umweg über den Stall von Bethlehem gar nicht mehr braucht, da diese Geburt direkt in der Seele geschieht – und dort wird auch nicht das Jesuskind geboren, sondern das von Gott, das von mir und in mir selbst geboren werden kann. „Geboren werden" heißt vielleicht vor allem, dass es sichtbar werden, Gestalt annehmen, ja dass es bewusst werden kann.

Etwas von Gott? Kann man „Gott" stückweise als ein Etwas erfahren? Ich denke nicht, sondern es ist immer Gottes ganze Gegenwart, die wir in einer solchen Begegnung erfahren, aber eben in dieser jetzt gegebenen Situation.

Wenn es aber nun in unserer Seele geboren wird, soll das dann nicht auch heißen, dass hier „Gott" geboren wird? Dass wir selbst zuvor ihn in uns tragen, dass – weiblich verstanden – dieser Keim in uns befruchtet wurde und dass das Göttliche lebendig in uns ausgetragen werden darf, bis hin zur Geburt?

Ein Fruchtbarwerden ist ein Wachstumsvorgang, ein Ausreifen. Der göttliche Keim in uns kann fruchtbar werden, und so kann es zur Geburt Gottes in uns selbst kommen. Wer aber ist denn nun „Gott" für uns und für Eckhart? Und wer für C. G. Jung, der sich hier von Meister Eckhart inspiriert sieht?

Eckhart hat eine kühne Vorstellung von Gott, wie wir aus seinen Predigten und Schriften erkennen. Da weiß er in seinen Predigten durchaus von dem Gott der Bibel, der christlichen Offenbarung, wie er dem Menschen als Vater, Sohn und vor allem als hl. Geist begegnen kann. Aber darüber hinaus weiß Meister Eckhart um die dem allen vorausgehende und seit jeher alles transzendierende „Gottheit“ selbst – wie er sie nennt –, die Quelle allen Seins und Lebens, der wir schon vorgeburtlich entspringen. Im Seelengrund sind wir dieser Gottheit angeschlossen, der wir uns verdanken. Wenn aber „Gott“ in uns geboren wird, werden wir uns dessen bewusst, nicht nur als Erkenntnis, sondern als Erfahrung, als leibhaftige Erfahrung unserer Verbindung mit der göttlichen Lebensquelle, die uns dabei sichtbar und spürbar werden kann wie bei einer leibhaftigen Geburt.

Es ist und bleibt ein Bild, ein symbolischer Vorgang, den Meister Eckhart da anspricht und zugleich vermittelt – und dies nicht als bloßen Gedanken, sondern als eine so ergreifende Erfahrung, wie es eine Geburt sein kann, nach der uns das Geborene leibhaftig begegnet: Hier ist es „Gott“ – wie wir die Quelle unseres Lebens nennen können, die uns heilig ist.

Diese inneren Bilder, in die solche dynamischen Erfahrungen mit „Gott“ übersetzt werden, verdanken wir nach C.G. Jung der sogenannten „transzendenten Funktion“, einer symbolisierenden Funktion der Seele, die Jung erarbeitet und benannt hat: als „trans-zendierende“, von einer engeren zu einer erweiterten Einstellung „hinüber-tragende“ Funktion (GW 8, §§131–193). Auf die transzendente Funktion werde ich im nächsten Kapitel noch ausführlicher eingehen.

Im christlichen Kirchenjahr wird die „Gottesgeburt“ nicht nur an Weihnachten gefeiert, sondern in der Ausgießung des hl. Geistes auch an Pfingsten, und die kirchliche Tradition kennt einen Gottestod am Karfreitag und die Wiederauferstehung an Ostern. Dies ist ein sprechender Zyklus von Symbolen – auch dafür, dass einem die Erfahrung Gottes in diesem Prozess einmal näherkommen und auch wieder ferner sein kann, ganz lebendig präsent und manchmal auch wieder wie verloren gegangen. Es dürfte sich um einen Rhythmus von Lebenserscheinungen und psychischen Lebenserfahrungen, um Schwingungen der Lebenskräfte handeln, die an und in der Symbolik des Kirchenjahres zum Ausdruck gebracht und gewürdigt werden.

Hierzu Jung: „Die Ehrfurcht vor den großen natürlichen Geheimnissen, welche die religiöse Sprache in durch Alter, Bedeutungsschwere und Schönheit geheiligten Symbolen auszudrücken sich bemüht, wird nicht gekränkt durch die Ausdehnung der Psychologie auf diese Gebiete, zu denen bisherige Wissenschaft keinen Zugang fand. Wir schieben die Symbole nur etwas weiter zurück und ziehen ein Stück ihrer Domäne ans Tageslicht, ohne aber dem Irrtum zu verfallen, wir hätten damit mehr geschaffen als bloß ein neues Symbol für dasselbe Rätsel […].“ Und er führt diesen Gedankengang noch weiter aus: „Unsere Wissenschaft ist auch Bildersprache, sie passt aber in praktischer Hinsicht besser als die alte mythologische Hypothese, die sich in konkreten Vorstellungen ausdrückte, statt, wie wir, in Begriffen“ (GW 6, § 428). Bisher sprach man von Religion in bildhaften Vorstellungen. Jung versucht es mit ebenfalls bildhaften Begriffen und leitet in ein vertieftes Verständnis der Symbolik überhaupt über.

4. Symbolbildung und Symbolsprache

Für C. G. Jung ist es unerlässlich, angesichts der Faszination, die einige der inneren Bilder Eckharts in ihm auslösen, sich der psychologischen Basis und Relevanz bewusst zu sein, auf der solche Erfahrungen – bei ihm selbst wie auch schon bei Meister Eckhart – letztlich beruhen. So hatte er die Theorie von der Symbolbildung entwickelt, nach der die engere Vorstellung des Bewusstseins mit Hilfe der „transzendenten Funktion" der Psyche erweitert und ergänzt werden kann, indem über das Symbol Material aus dem Unbewussten einbezogen wird. In diesem Sinne handelt es sich bei der Begegnung mit den Erfahrungs- und Sprachbildern Eckharts, die tief berühren – vor allem das von der inneren „Gottesgeburt in der Seele" –, um nichts anderes als um Beispiele einer symbolischen Sprache, die unbewusste Inhalte ans Bewusstsein vermittelt.

Alles kann einem Menschen zum Symbol werden, das in ihm dann wie ein „emotionaler Anker" wirkt, der gerade jetzt für ihn bedeutsam für sein Leben werden kann, der ihn hält und trägt, der sein ganzes Interesse besetzt. Das Symbol – wie zum Beispiel auch ein Gottessymbol – kann Ausdruck für das ganz Andere sein, für das Unauslotbare des Lebens, das uns mit Neugier und mit Sehnsucht erfüllt. Es kann „Offenbarung des Unerforschlichen" (Goethe 1949, S. 169) sein, um mit Goethe in *Maximen und Reflexionen* zu sprechen.

Jung selbst definiert es so: „Ein Begriff oder ein Bild sind symbolisch, wenn sie mehr bedeuten, als sie bezeichnen oder ausdrücken. Sie haben einen umfassenden ‚unbewussten' Aspekt, der sich niemals exakt definieren oder erschöpfend erklären lässt" (GW 18/I, § 417). Die Nichterklärbarkeit findet sich etwa bei Eckharts tiefsinnigem symbolischen Begriffsbild von einer „Gottesgeburt in der Seele", das Jung dann selbst, wie gesagt, mehrfach in seinen Werken zitiert. In der Symbolbildung werden also mentale Prozesse durch Bilder dargestellt. Der Unterschied zwischen Immanenz und Transzendenz kann in einem Symbol überwunden sein.

C. G. Jung hat seine Theorie der Symbolbildung und symbolischen Sprache erstmals um 1916 beschrieben, so in seinem Artikel „Die transzendente Funktion" (GW 8, §§ 131–193). Es geht ihm dabei um die symbolisierende Einstellung als einer grundsätzlichen Fähigkeit der menschlichen Seele, um das polare Zusammenspiel in ihr zwischen einem begrenzteren, ichhaften Subjekt und einem umfassenderen wie dem Selbst, wie er es später ausführt und definiert – ein Zusammenspiel, das zu einer Erweiterung der inneren Bilder und auch der Begriffe führt.

Die sogenannte „transzendente Funktion" ermöglicht den Übergang von einer engeren Einstellung des Bewusstseins zu einer erweiterten, was durch die Einbeziehung von Anteilen aus dem Unbewussten erfolgt. Die „transzendente Funktion" ermöglicht eine Erweiterung der bewussten Einstellung, indem dieser bisher unbewusste Inhalte gegenübergestellt werden (GW 8, § 193).

Wir leben in einer Fülle von Symbolen, die alle einen Einfluss auf uns nehmen, gerade im Zusammenhang mit der Sinnfindung im menschlichen Leben. Symbole sind auch Ausdruck kollektiver Prozesse, was wir vor allem bei religiösen Symbolen zu bedenken haben, die oft eine weit verzweigte Geschichte im kollektiven Gedächtnis haben, das auch voneinander abweichende Bedeutungen einzelner Symbole enthalten kann.

Symbole können aufeinanderprallen, psychische Dynamik kann darüber kurzfristig zum Stillstand kommen, psychische Energie vorübergehend regredieren. Doch über diesem Ringen konstelliert sich jeweils ein Drittes, das wahrgenommen und verstanden werden kann: eine neue vereinigende Funktion setzt ein, welche über die Gegensätze hinausführt, sie transzendiert (GW 6, § 829). Sie zeigt sich in der Gewinnung neuer Symbolik, in einem schöpferischen Prozess und führt zu neuen Symbolbildungen. Auf diesen schöpferischen Prozess, auf diese neuen Symbole kommt es C. G. Jung allemal an. Es geht ihm um das Gewinnen einer symbolischen Sprache, gerade für alles bisher noch nicht oder nicht mehr Sagbare.

Jung versucht, diesen schöpferischen Prozess in seiner intensiven Resonanz auf Eckhart wahrzunehmen, so dass bei ihm in Kontakt mit Eckhart eine neue Sprache der Symbolik entsteht, die über bisherige Vorstellungen, auch der Theologie, hinauszuführen vermag.

5. Die Gottheit, die Gott transzendiert

Zu Meister Eckharts Begriff von der „Gottesgeburt in der Seele" erläutert C. G. Jung, wie schon zitiert: „Hier spricht es Eckhart deutlich aus, dass Gott in einer unzweifelhaften Abhängigkeit von der Seele steht, und zugleich, dass die Seele die Geburtsstätte Gottes ist" (GW 6, § 426). Den Begriff „Abhängigkeit" ergänzt C. G. Jung überraschend mit „Bezogenheit", „Beziehung" und verweist in diesem Zusammenhang auf eine „Relativität Gottes". Darunter versteht er „eine Ansicht, nach der Gott nicht ‚absolut', das heißt losgelöst vom menschlichen Subjekt und jenseits aller menschlichen Bedingungen existiert, sondern nach der er vom menschlichen Subjekt in gewissem Sinne abhängt, und eine wechselseitige und unerlässliche Beziehung zwischen Mensch und Gott vorhanden ist [...]" (GW 6, § 412). Gott sei deshalb nicht unabhängig von der Seele zu denken, weil er diese „Geburtsstätte" brauche, weil Gott anders – für den Menschen – nicht erfahrbar werden kann.

Aber ist für Jung „Gott" wirklich nichts für sich selbst – oder können wir Menschen nur hierüber nichts wissen, da wir vollständig auf das innerpsychische Sich-Vermitteln Gottes über unsere Seele angewiesen sind? Kann man das einfach nicht „von außen" sehen, sondern nur aus psychologischer Perspektive, „von innen" also, oder gar nicht? Für Jung bedeutet dies grundsätzlich: „Die Wahrnehmungsfunktion (Seele) erfasst die Inhalte des Unbewussten und als schöpferische Funktion gebiert sie die Dynamis in symbolischer Form“ (GW 6, § 426) – und das bezieht sich letztlich auch auf das Gottesbild. Jung merkt hierzu an: „Nach Eckhart ist die Seele ebenso sehr das Begreifende, wie das Begriffene“ (ebd., Anm. 162). Und er betont: „Was die Seele gebiert, sind, psychologisch genommen, Bilder [...]“ (ebd., § 426).

Den Umgang mit inneren Bildern sieht Jung an dieser Stelle recht differenziert: Bilder aus dem Unbewussten seien zunächst Rohstoff, der noch der Behandlung bedarf, einer reduktiven etwa, indem man sie manchmal sogar auf die Wirklichkeit der Triebe zurückführen kann. Andererseits bedürften sie einer synthetischen Behandlung, die eine neue Einstellung zur Welt ermöglicht. Diese Arbeit mit den Bildern, die neue Einstellung, beschreibt Jung aber, wie schon erwähnt, als das Wirken der „transzendenten Funktion“, wie er den symbolisierenden Wirkfaktor nennt, der sie von einer Bedeutungsebene auf eine weitere und vielleicht noch bedeutsamere hinüberzutragen vermag: „In der erneuerten Einstellung tritt die vorher ins Unbewusste versunkene Libido als positive Leistung wieder zutage. Sie entspricht einem wiedergewonnenen sichtbaren Leben. Das bedeutet das Symbol der Gottesgeburt [in der Seele, I. R.]“ (GW 6, § 427, vgl. auch § 833).

Häufig aber wird der höchste Wert – also eigentlich immer schon ein Gottessymbol – auf einen Wert in der Außenwelt projiziert, und so wird das Gottessymbol zeitweilig mit einem Objekt der sichtbaren Außenwelt verwechselt. Wenn sich dann die Libido vom äußeren Objekt wieder zurückzieht, es „opfert", weil hier nicht eingelöst wird, was es als letzter Wert versprochen hatte, und wenn es damit wieder ins Unbewusste absinkt, so gilt dieser Zustand nun weder für Eckhart noch für Jung als glücklich, sei er doch – nachdem die Projektion des höchsten Wertes auf ein Objekt der Welt geopfert wurde – ein Abstieg in den „deus absconditus", dem nun wieder ganz und gar verborgenen Gott! Auf der anderen Seite lässt ein nun aufkommendes starkes Glücksgefühl erkennen und erfahren, dass wir uns wieder dem Gottessymbol selber, der Gottesgeburt in unserer Seele zugewandt haben.

Eckhart spricht von der Gottesgeburt in der Seele als von einem sich wiederholenden Vorgang im Leben eines Menschen. Für Jung ist es ein psychologischer Prozess, der sich unbewusst wiederholt und der zum Beispiel auch von dem späteren Begriff Goethes von der „Systole und Diastole" gut umschrieben werden kann. Damit erinnern wir uns an Goethes Gedicht über den Atem: „Im Atemholen sind zweierlei Gnaden: / Die Luft einziehen, sich ihrer entladen; / […] Du danke Gott, wenn er dich presst, / Und dank ihm, wenn er dich wieder entlässt" (Goethe 2005, S. 10). Jung schreibt dazu: „Es dürfte sich um einen Rhythmus der Lebenserscheinung, um Schwingungen der Lebenskräfte handeln, die in der Regel unbewusst ablaufen" (GW 6, § 428). Dass es sich dabei um unbewusste psychologische Prozesse handelt, dürfte, so Jung, auch der Grund dafür sein, weshalb die dafür bereits existierende Terminologie – so auch bei Eckhart – eine vorwiegend religiöse oder auch mythologische ist. Hierzu könnte sogar die Verwendung der Symbolik von Tod und Auferstehung gehören, die auch als ein Rhythmus innerhalb des Lebens verstanden werden kann und die im Rahmen der christlichen Kirchen auch so verstanden worden ist.

Hier folgt nun Jungs Plädoyer für die Ehrfurcht, die man diesen „durch Alter, Bedeutungsschwere und Schönheit geheiligten Symbolen" (GW 6, §428) schulde, auch wenn man deren psychologische Bedeutung mit einschließt. Doch eben über diese Ehrfurcht kommt Jung hier – wenn auch im engen Kontakt mit Eckharts gewagtem Denken – zu dem herausforderndsten Abschnitt seiner psychologischen Überlegungen überhaupt, die er dem „religiösen Phänomen" widmet. Zunächst setzt Jung ein mit einem kühnen Wort Eckharts, den er zitiert: Die Seele habe „erst mit ihrem Geschöpf-Sein ‚Gott' gemacht, so dass es den nicht eher gab, als bis die Seele zu etwas Erschaffenem wurde" (Büttner 1917, zitiert nach: ebd.).

Mit Eckhart, aber auch psychologisch mit Jung gesprochen, kann Gott nicht anders erfahrbar werden als durch die menschliche Seele. Ehe sie erschaffen war, gab es die Erfahrung Gottes nicht, konnte es sie nicht geben. So scheint mir Eckharts Ausspruch gemeint zu sein: „Gott hat sich von der Seele" (Büttner 1917, zitiert nach: GW 6, §428). Dem jedoch steht, ebenso entschieden, Eckharts weitere, bahnbrechende Überzeugung gegenüber: „dass er Gottheit ist, hat er von sich selber" (ebd.) – unabhängig von allem Menschlichen.

Eckhart also unterscheidet „Gottheit“ und „Gott“ – eine große Kühnheit des Denkens und Vorstellens! „Gottheit“ ist für ihn das „Sein selbst“, wie es schon Thomas von Aquin, ein Lehrer Eckharts, nennt, das lebendig Atmende, ist darüber hinaus das All, in dem es pulsiert, vielleicht um sich selbst nicht wissend in seiner unendlichen Potentialität, auch wenn man heute von einem „kosmischen Bewusstsein“ spricht. Doch was kann man darunter verstehen? Während „Gott“, so C. G. Jung, „als eine Funktion der Seele erscheint“ (GW 6, § 429), so erscheint die Seele natürlich erst recht „als eine Funktion der Gottheit“ (ebd.) – vielleicht als eine umfassende Wahrnehmungs- und Erkenntnisfunktion.

Schon Eckhart selbst kann keinesfalls „auf einen Sprung“, sondern nur durch tiefe Reflexion und einen Erkenntnisprozess längerer Art zu solchen Einsichten gekommen sein, so in der Predigt „Nolite timere eos“. Eckhart dort: „Da alle Kreaturen ihn aussprechen, da wird Gott. Als ich noch im Grunde und Boden der Gottheit weilte, in ihrem Strome und Quell, da fragte mich niemand, wohin ich wollte, oder was ich täte: da war niemand, der mich hätte fragen können. Erst indem ich ausströmte [indem ich ein Geschöpf wurde, I. R.], kündeten alle Kreaturen Gott … Und warum reden sie nicht von der Gottheit?“, so fragt Eckhart sich selbst. Und so antwortet er sich selbst: „Alles, was die Gottheit ist, ist *Eines*, und von dem kann man nichts reden!“ (Büttner 1917, zitiert nach: GW 6, § 428, Auslassungen von Jung.) Man kann von der Gottheit nicht reden, weil es sich da um etwas Ununterschiedenes und

Ununterscheidbares von allem anderen handelt, zugleich um ein unendliches Potential.

Hier aber unterscheidet Eckhart zwischen „Gott" und „Gottheit" – eine gewagte, ihm aber außerordentlich wichtige und konsequenzenreiche Unterscheidung: Wovon alles ausgeht, von dem „Einen", über das man nicht sprechen kann, darüber steht und waltet die „Gottheit". Was aber in der Seele erscheint und sich, bezogen auf die Seele, wandelt, das ist „Gott", der Gott, wie ihn zum Beispiel die christliche Offenbarung übermittelt. Gott aber ist bei Eckhart diesseits der Gottheit, während die Gottheit jenseits von Gott ist.

Nach Eckhart ist der Mensch einerseits ein „esse formale", also eine geformte, begrenzte Existenz insofern, als er geschaffen ist; er hat aber auch teil an einem „esse virtuale", an dem der Gottheit eigenen, virtuell unbegrenzten Leben, aus dem er ja geschaffen ist, dem er sich verdankt.

Eckhart weiter: „Wenn ich dann zurückkomme in den Grund und Boden der Gottheit, in ihren Strom und Quell, so fragt mich niemand, woher ich komme, oder wo ich gewesen sei: Es hat mich" – hier! – „niemand vermisst" (Büttner 1917, zitiert nach: GW 6, § 428). Wo keine menschliche Seele, dort kein Wahrnehmen Gottes. Das könnte gemeint sein.

Für Eckhart ist die Gottheit, so konstatiert Jung, „offenbar die allverbreitete Schöpfermacht" und damit, psychologisch verstanden, „der zeugende, schaffende Trieb" (GW 6, § 429), d. h. der Lebenstrieb bzw. die entsprechende Energie, die in allem wirkt – „vergleichbar der Schopenhauer'schen Konzeption des Willens" (ebd.). Ist sie doch „das Leben selbst“, wie Eckhart sie nicht nur einmal selbst beschreibt. Die Gottheit ist das Lebendige, Atmende, das große Ganze, sie ist für ihn, wie Jung formuliert, „das sich selbst nicht wissende und nicht habende All“ (ebd.).

„Gott“ aber erscheint als der, der im Kontakt mit dem Menschen steht und sich in dessen Seele offenbart, er ist der „aus Gottheit und Seele Gewordene“ (GW 6, § 429), in dem für den Menschen Bewusstes und Unbewusstes zusammentreffen. Jung weiter: „Die Seele als Kreatur ‚spricht‘ ihn aus. Er ist, insofern die Seele vom Unbewussten unterschieden ist und insofern sie die Kräfte und Inhalte des Unbewussten wahrnimmt, und er vergeht, sobald die Seele in den ‚Strom und Quell‘ der unbewussten Kraft untertaucht“ (ebd.). Er kann dann nicht mehr wahrgenommen werden, nicht mehr erfahren werden, es ist niemand mehr da, der Gott sähe – in den Worten Eckharts: „Gott vergeht“. Damit Gott gesehen und erfahren werde, braucht es nämlich den Menschen mit seiner wahrnehmenden Seele.

Dazu Eckhart, diesmal noch mutiger und noch umstürzender als zuvor: „Als ich aus Gott heraustrat“ – als lebendiges Geschöpf –, „da sprachen alle Dinge: ‚Es gibt einen Gott!‘ […] Aber in dem Durchbruche, da ich ledig stehen will im Willen Gottes, […] da bin ich mehr als alle Kreaturen, da bin ich weder Gott noch Kreatur: ich bin, was ich war und was ich bleiben werde, jetzt und immerdar! […] ich empfange in diesem Durchbruche, was Gott und ich gemeinsam sind.“ Und er fährt fort: „Da bin ich, was ich war, da nehme ich weder ab noch zu, denn ich bin da ein Unbewegliches, welches alle Dinge bewegt. Hier finde Gott keine Stätte mehr im Menschen, denn hier hat der Mensch durch seine Armut wieder errungen, was ewiglich gewesen ist und immer bleiben wird. Hier ist Gott in den Geist hineingenommen" (Büttner 1917, zitiert nach: GW 6, § 429).

Starke Worte. Umwerfende Erfahrungen. Was kann Eckhart hier meinen und was meint letztlich C. G. Jung? Jung interpretiert Eckharts Durchbrucherfahrung, die sein Unterschiedensein und Geschiedensein von Gott unterbricht, mit folgender Überlegung: Wenn die Trennung des Ich als Subjekt von Gott – wodurch Gott als Gegenüber für das Ich überhaupt erst erfahrbar wird – wieder aufgehoben wird, „dann verschwindet Gott als Objekt" – und Gegenüber – „und wird zu dem vom Ich nicht mehr unterschiedenen Subjekt", zur Quelle alles Lebendigen, „das heißt das Ich als relativ spätes Differenzierungsprodukt wird wieder vereinigt mit der mystischen, dynamischen Allbezogenheit" (GW 6, § 430), dem *esse virtuale*, dem Sein in der Kraft.

Dies aber ist verwandt auf neuer Stufe mit der *participation mystique*, der Einheitserfahrung, die aller Mystik eigen ist (GW 6, § 430). Das ist das Eintauchen in den „Strom und Quell", von dem Eckhart spricht (Büttner 1917, zitiert nach: ebd., § 428). Hier beobachtet Jung nun zahlreiche Analogien zu den spirituellen Vorstellungen auch des Ostens, vor allem Indiens und Japans, zumal er in der gleichen frühen Zeit, in der er diesen Artikel schreibt, auch mit Richard Wilhelms *Das Geheimnis der goldenen Blüte* und weiteren Werken des Fernen Ostens befasst ist (Jung/Wilhelm 1929).

Diese Parallelen zwischen Ost und West, ohne dass

es eine direkte Beeinflussung hätte geben können – auch die räumliche Entfernung wäre seinerzeit für jede Vermittlung von Gedankengut zu groß gewesen – beweisen, so Jung, „dass Eckhart aus einer Tiefe des kollektiven Geistes heraus denkt, die dem Osten und dem Westen gemeinsam ist" (GW 6, § 430). Zugleich enthält der kollektive Geist – bzw. das kollektive Unbewusste – immer auch einen Rückbezug auf einen urtümlichen Gottesbegriff, „wo die treibende Dynamis noch nicht im Kristall einer abstrakten Gottesidee erstarrt ist. Dieser Rückgriff auf ursprüngliche Natur [...] ist allen im tiefsten Sinne lebendigen Religionen gemeinsam, angefangen von den Rückidentifikationen bei den Totemzeremonien [...] bis zu den Ekstasen christlicher Mystiker unserer Zeit und unserer Kultur" (ebd., §§ 430f.).

Durch diesen Rückbezug auf Grunderfahrungen werde wieder ein Anfangszustand hergestellt, in dem die Unwahrscheinlichkeit einer Zusammengehörigkeit der Seele mit Gott zum eindrucksvollen Erlebnis werden kann, womit ein neues Gefälle geschaffen wird, in dem die Einstellung des Menschen auch zu den Objekten der Welt sich zu erneuern vermag (GW 6, § 431).

Dies sind die letzten Überlegungen Jungs zu Meister Eckhart in dieser ungewöhnlichen Abhandlung, in der er sich seinerzeit ganz neu mit Eckharts Gedanken und mit möglichen psychologischen Begriffsfindungen für sie auseinandersetzt.

Jung hat seine eigene Begrifflichkeit seit der Zeit von 1921, in der er diesen Aufsatz, aus dem ich zitierte, schrieb, bemerkenswert weiterentwickelt – vor allem in Hinblick auf den Begriff des „Selbst", der im Zusammenhang mit seinem Bezug zum Transpersonalen im Unbewussten von hoher Bedeutsamkeit in seiner Psychologie geworden ist.

In diesem frühen Aufsatz, dessen Hauptgedanken ich zu interpretieren versuchte, erleben wir ein Beispiel für Jungs eigenen Versuch, das „religiöse Phänomen" mit Meister Eckhart vertieft zu verstehen. Womit er es psychologisch sehr ernst nimmt und sich zugleich anderen möglichen Zugangsweisen hier versagt, auch wenn er sie sich sonst grundsätzlich offenhält.

Am Ende dieses Kapitels noch ein Wort von C. G. Jung aus einem späteren Zusammenhang: „Wenn wir die psychologische Struktur des religiösen, das heißt des ganzmachenden, heilenden, rettenden, alles umfassenden Erlebnisses zu definieren versuchen, so scheint die einfachste Formel [...] die folgende zu sein: *Im religiösen Erlebnis begegnet der Mensch einem seelisch übermächtigen Anderen.* [...] Nur das Übermächtige, gleichgültig, welchen Ausdruckes es sich immer bedient, kann den Menschen als Ganzes herausfordern und ihn zwingen, als Ganzheit zu reagieren" (GW 10, § 655).

Diese Gedanken Jungs aber stammen aus seiner späteren Schaffenszeit, in der er den Begriff des „Selbst" für die Ganzheit der Person schon entwickelt hatte, mit dem sich manche der genannten Zusammenhänge, auch der möglichen Gotteserfahrung der menschlichen Person, noch überzeugender beschreiben lassen als in der relativ frühen Abhandlung von 1921, mit der er den Dialog mit Meister Eckhart beginnt und in der er uns alle dazu einlädt und herausfordert. Darauf werde ich noch eingehen.

6. Der Archetyp des Puer aeternus

In Symbolbildungsprozessen, die schon ausführlicher in Kapitel 4, S. 41–43, erläutert wurden, geht es immer wieder auch um Urbilder der Seele, die spontan in den Gestaltungen des Unbewussten aufblitzen können, unabhängig von jeder früheren oder späteren Symbolbildung oder Tradition um ein Symbol herum. Jung findet und prägt für diese Urbilder und Urprägungen in der Seele die fachliche Bezeichnung „Archetypen".

Solch ein Archetyp ist das „Göttliche Kind", das für das Junge, das Werdende, für das Heranwachsende, auch für das Neugeborene steht, so der „Puer aeternus" – der „ewig Junge" bzw. der Jüngling –, der das repräsentiert, was, wie Jung sagt, „noch entwickelt werden kann, die Selbsterneuerungstendenz im Menschen" (Jung 1991, S. 206), und dies als eine nie endende, als eine „Geburtlichkeit" (Hannah Arendt), die dem „ewig Jungen" eignet, dem „Puer aeternus". So gehört auch der neugeborene Jesus im Stall, als sich keine andere Herberge für seine Geburt findet, zu den archetypischen Symbolen des Göttlichen Kindes und verweist auf die „Gottesgeburt in der Seele", auf die Jung vor allem durch Meister Eckhart aufmerksam wurde. Dass die kirchliche Tradition dieses Urbild weitergetragen und mit dem Weihnachtsfest, dem Festzyklus eines jeden Jahres, verknüpft hat, sie gleichsam ausmalt, festlich und liturgisch begehen lässt, schließt jedoch nicht aus, dass das Urbild eines „Göttlichen Kindes" in der

Seele eines jeden einzelnen Menschen spontan wieder auftauchen kann, so im Traum, in der Imagination, ja auch in der Vision.

Gerade in der Traumanalyse, die Jung intensiv betrieben hat, geht es um das Wahrnehmen der archetypischen Urbilder der Seele. Aus den Jahren 1928 bis 1930 sind uns frühe Berichte und Protokolle über C. G. Jungs Seminare zur Traumanalyse erhalten, die hochinteressante Einblicke und Zugänge zu seiner damaligen Arbeitsweise gewähren, besonders auch zu der Amplifikation von Traumsymbolen, die sich oft mit den Urbildern der Seele, den Archetypen, verbinden. Zu diesen gehören auch Urbilder des „Göttlichen Kindes“ bzw. des „ewig Jungen“, des „Puer aeternus“. So bringt Jung in der Seminarsitzung vom 20. März 1929 (Jung 1991, S. 208–219) zwei Beispiele vom Symbol eines „nackten göttlichen Knaben“ ein, die er in Schriften von Meister Eckhart vorfand. Eckhart selbst war diesem Symbol wie in einer Art von Vision begegnet. Doch wusste er zugleich vom Erscheinen des gleichen Symbols in dem Traum eines ihm bekannten Mitbruders, des Eustachius, zu berichten. Beide Beispiele, von Eckhart selbst überliefert (Spamer 1912, S. 143; 150), greift Jung auf:

Jung kann diese Symbolbeispiele aus dem 14. Jahrhundert in die Seminarsitzung vom 20. März 1929 einbringen und vermag den Traum eines Patienten aus dem 20. Jahrhundert, der das gleiche Symbol enthält, damit zu erhellen. Jung erzählt da Eckharts Vision (nach: Spamer 1912, S. 143), wendet sich also an seine Seminarteilnehmer und Seminarteilnehmerinnen und berichtet:

„Dann ist da Meister Eckharts Vision im 14. Jahrhundert. Meister Eckhart wurde einmal von einem schönen nackten Knaben besucht. Er fragte ihn, woher er komme. ‚Ich komme von Gott.' – ‚Und wo hast du ihn gelassen?' – ‚In tugendhaften Herzen.' – ‚Wohin gehst Du?' – ‚Zu Gott.' – ‚Wo wirst du ihn finden?' – ‚Wenn ich alle erschaffenen Dinge verlasse'" (Jung 1991, S. 212f.).

Eckhart setzt in dieser Vision des nackten Jungen noch einmal an und fragt ihn: „‚Wer bist du?' – ‚Ein König.' – ‚Und wo ist dein Königreich?' – ‚In meinem eigenen Herzen.'" Und Eckhart unterstreicht: „‚Gib acht, dass niemand es mit dir teilt.' – ‚Das tue ich'" (Jung 1991, S. 212), sagt der Junge. Meinte Eckhart mit diesem Einwand, der Junge solle sich dieses unteilbare Königreich seines Herzens von niemandem beeinflussen und beeindrucken lassen? Das aber ist für diesen Jungen selbstverständlich.

Es folgt noch eine beeindruckende letzte Szene in dieser Vision: Eckhart möchte dem Jungen etwas von sich selber schenken, eines seiner Gewänder: „‚Nimm dir, welches Gewand dir gefällt.'" Eckhart möchte dem Jungen sein liebstes Gewand schenken, möchte ihn „einkleiden", gleichsam als König. Eben das aber würde diesem „König" ganz und gar nicht entsprechen. Ließe er sich ein Gewand schenken, so wäre er noch kein König: „‚Dann wäre ich kein König', sagt der Junge und verschwand" (Jung 1991, S. 212). Zum Anlegen eines Königsgewandes benötigte er zudem die Hilfe eines anderen, daher entzieht er sich ganz, der nackte göttliche Knabe. Er entschwindet. Gerade weil er in die göttliche Dimension reicht, soll und kann sich Eckhart kein Bildnis von ihm machen. Jungs Vermutung: „Es war Gott selbst, den er eine kleine Weile bei sich hatte“ (ebd., S. 213).

Dann führt Jung, wie gesagt, ergänzend auch noch Meister Eckharts Bericht über einen Traum von dessen Ordensbruder Eustachius an, in dem das gleiche Symbol von dem nackten Knaben erscheint (nach: Spamer 1912, S. 150). Jung gibt Eckharts überlieferten Bericht vom Traum des Eustachius wie folgt wieder: „Er sah, dass viele der Klosterbrüder im Refektorium in einem Kreis herumstanden, aber er konnte nicht sehen, was los war – etwas Neues, das höchst erfreulich und vergnüglich sein musste. Er fragte sich, was das sein könnte, und als er näher hinging, erblickte er inmitten der Brüder ein wunderschönes kleines Kind, unseren Herrn Jesus Christus, den Sohn der Magd, unserer Lieben Frau, und er war so schön, dass jeder Mann, so traurig oder ernst er auch war, angesichts seiner außergewöhnlichen Schönheit lachen musste. Das kleine Kind verlangte Brot zu essen, und Bruder Eustachius ging in die Speisekammer; aber er konnte kein Brot finden, das gut genug war; nur ein Stückchen Weißbrot. Er suchte weiter, bis er einen ganzen Laib fand, aber der war aber nicht ganz weiß, deshalb wollte er ihn dem Kind nicht geben. Es wurde ihm ganz bange, dann kam Bruder Ruopreht, der für das Brotbacken zuständig war, und fragte ihn, was er so beharrlich suche: ‚Ich suche sehr schönes weißes Brot, das ich unserem Herrn geben kann.‘ Bruder Ruopreht sagte: ‚Keine Sorge, ich werde dir solches Brot besorgen.‘ Das tat er, und Bruder

Eustachius brachte es dem Kind. Das Kind sagte: ‚Es gibt viele große Priester, aber sie wollen mir nicht etwas so Reines und Vollkommenes und Schlichtes bringen. Sie haben Dinge, die rein sind, und Dinge, die vollkommen sind, aber nichts, das rein und vollkommen und schlicht ist. Aber es gibt einige Wenige, oft Ungelehrte, Menschen, die mir etwas bringen, das rein und vollkommen und schlicht ist.' Da erkannte Eustachius, dass der bescheidene Bruder, der das Brot besorgt hatte, ein solcher Mensch war, und von dieser Zeit an ließ er Bruder Ruopreht große Ehre zuteil werden und liebte ihn mit der ganzen Kraft seines Herzens, weil er der Mensch war, der etwas Reines und Vollkommenes und Schlichtes bringen konnte" (Jung 1991, S. 213). Hier also hört Eckhart von diesem Kind im Traum des Bruders Eustachius, wie man sich einen Menschen im Dienst Gottes vorstellt: vor allem schlicht.

Jung aber fragt weiter, von welcher Art die Gottheit sei, die in der Seele des Menschen erscheinen kann. All die alten Götter seien ja ursprünglich psychologische Realitäten gewesen, die erst später zu Ideen wurden. „Die alten Götter", so Jung, „repräsentiert von den Planeten Saturn, Jupiter, Mars, sind die alten persönlichen Götter, die auf dem Olymp leben. Sie wurden später zu psychologischen Bestandteilen des menschlichen Charakters" (Jung 1991, S. 214). Oft sprächen wir zum Beispiel von einem martialischen Auftreten eines Menschen, meinten damit ein Auftreten nach der Art des Mars und vergäßen dabei, dass wir damit den Menschen mit den großen Herrschern des Olymps vergleichen: „Ein Gott kann uns erscheinen, wenn es ihm gefällt, und wenn wir ihn integrieren oder als Gast aufnehmen […], so bedeutet dies, dass wir einen neuen Geist, eine neue Einstellung in uns haben“ (ebd.).

Jung wird am Ende der Seminarsitzung nach einer stimmigen Bezeichnung für das Symbol des Jungen gefragt. Er zögert eine Weile mit der Antwort, weil ihm zahlreiche Begriffe einfallen, letztlich wählt er den klassischen Terminus „Puer aeternus“, „ewiger Jüngling“, den er hier aber nur als den „Jungen“ bezeichnet. Dieser sei vor allem ein Hirtenjunge und behüte diejenigen, denen er nahe ist (Jung 1991, S. 216f.).

Im Traum des Patienten, um den es in dieser Sitzung eigentlich geht, kommt zur Überraschung aller eben auch solch ein Junge vor: Der Träumer findet im Nebenzimmer des Schlafzimmers, in dem er mit seiner Frau ist, einen „kleinen, völlig nackten Jungen“ (Jung 1991, S. 201). Und damit ist, wie das amplifizierende Gespräch auch mit Bezug auf Meister Eckhart deutlich zeigen wird, ein neuer Geist in den Traum des Patienten hineingekommen. Während der Träumer noch am Problem der Sexualität festhängt, sagt sein Unbewusstes, indem es das Symbol des nackten Knaben hervorbringt (und dies ausdrücklich ohne jede sexuelle Konnotation): Es geht hier gar nicht mehr um sexuelle Probleme zwischen ihm und seiner Frau, sondern in diesem Knaben erscheint ein Zeichen des Eros, eines Gottes, etwas, so Jung, „das da und nicht da ist, dem du nicht befehlen kannst. Wenn du den Geist oder die Einstellung hast, die einer Gottheit das beste Willkommen bereitet, dann könnte sie vielleicht erscheinen […]“ (ebd., S. 215).

Der Träumer selbst aber betrachtet sein Problem noch „als ein mechanisches, ein sexuelles, aber sein Unbewusstes sagt, die Lösung seines Problems hänge davon ab, ob der Gott die Szene betrete“ (Jung 1991, S. 215). Der Gott ist hier aber noch ein autonomer Komplex und für den Träumer deshalb noch nicht als eine neue bewusste Einstellung sichtbar geworden. Diesen Zusammenhang erklärt das Gespräch in dieser Seminarsitzung. Der Traum selbst wurde in der vorangegangenen Sitzung vom 13. März 1929 erzählt. Ich gehe noch einmal ausführlich auf diesen Traum ein.

Der Traum von Jungs Analysanden, der in den Sitzungen vom 13. bis 27. März 1929 besprochen wurde, findet sich folgendermaßen vom Patienten selbst aufgezeichnet: „Ich bin in einem Schlafzimmer mit meiner Frau und ich sehe, dass sich eine Tür, die in ein anderes Zimmer führt, langsam öffnet. Ich gehe sofort zur Tür, stoße sie auf und finde im Nebenzimmer einen kleinen, völlig nackten Jungen. Ich trage ihn ins Schlafzimmer, und ich bin im Traum davon überzeugt, dass er kein natürlicher Junge ist. Um zu verhindern, dass er mir entwischt (er versucht, sich meinen Armen zu entwinden), drücke ich ihn an mich, und er erweckt das erstaunlichste, keineswegs sexuelle Gefühl der Befriedigung in mir, als ob dieses echte Geschöpf die Sehnsüchte meiner Gefühle befriedigen würde. Dann bringt meine Frau dem Kind Verschiedenes zu essen. Ich sehe schwarzes Brot und weißes Brot. Das Kind will das schwarze Brot nicht essen, isst aber von dem weißen. Dann fliegt es plötzlich zum Fenster hinaus und winkt uns aus der Luft zu“ (Jung 1991, S. 201–202).

Die Assoziationen des Analysanden zu seinem Traum waren von Jung vorab schon erfragt worden und konnten jetzt in dieser Seminarsitzung weiter besprochen werden: Während des Traumes habe der Analysand das Gefühl gehabt, so sagt er, dass sich die Tür des Schlafzimmers „auf sonderbare Weise" öffne. Deshalb will er in dem Traum jetzt nachschauen und findet absolut überraschend „den kleinen nackten Jungen im Nebenzimmer". Dieser Junge wiederum weckt in ihm als einzige Assoziation „die traditionelle Darstellung des Eros: der nackte kleine Junge" (Jung 1991, S. 202). Der Analysand denkt dabei wohl an eine der Eros-Darstellungen aus dem klassischen Griechenland, die jedoch hier im Traum, wie er beim Berichten ausdrücklich betont, „das erstaunlichste, keineswegs sexuelle Gefühl" (ebd., S. 201f.) in ihm ausgelöst habe. Doch gibt es seinen Gefühlen, wie er Jung sagte, „eine merkwürdige Befriedigung, wenn er den Jungen an sich drückt" (ebd., S. 202).

Zum Thema „Brot" assoziiert der Träumer, dass schwarzes Brot mehr Nährwert enthalte als weißes, und er meint: „Der kleine Amor ist von meiner Frau nicht richtig ernährt worden, deshalb fliegt er fort und winkt uns von weitem zu." Jung kommentiert dies mit den Worten: „Hier haben wir ein köstliches Stück männlicher Psychologie. Ich verschenke die ganze Sexualität! Dieser Traum bedarf einer Berichtigung" (Jung 1991, S. 203). Aber in welcher Weise kann er gedeutet werden? Ein Seminarteilnehmer vermutet, der Träumer sehe sich selbst als ein Kind: „Eros ist sein kindliches Selbst" (ebd.). Aber Jung selbst meint noch mehr zu sehen: „Hier haben wir ein kleines Wunder. Ich habe kein Vorurteil gegen diese kleinen Wunder. So merkwürdige Dinge ereignen sich gelegentlich, aber wie sie mit unserem Seelenleben zusammenhängen, weiß Gott, ich nicht" (ebd.). Und doch meint Jung es hier zu ahnen und geht weiter auf den Traum ein: „In diesem Fall sollte es dem Träumer dämmern, dass das, was in der Beziehung zu seiner Frau fehlt, Eros ist. Es ist fast ein Wunder, dass er es nicht erkannt hat. Es ist der Eros, der hereinkommen sollte" (ebd.).

Jung versetzt sich noch einmal in den Traum hinein und erzählt ihn den Seminarteilnehmern und Seminarteilnehmerinnen imaginierend nach: „Er öffnet die Tür, aber niemand kommt heraus, dann findet er den kleinen Jungen im Nebenzimmer und hält ihn eine Minute lang in den Armen, wobei er eine merkwürdige Befriedigung empfindet, als er das Kind an sich drückt, und es erscheint ihm merkwürdig, dass das kein sexuelles Gefühl ist. Das ist eine der törichten Vorstellungen, die Männer haben. Sie glauben, dass Eros Sex sei, aber weit gefehlt, Eros ist Bezogensein. Die Frau hat dazu etwas zu sagen!" (Jung 1991, S. 203). Dem Träumer dieses Traumes, dem Mann, liegt der Gedanke nahe, dass es hier um ein sexuelles Problem gehe, schließlich beginne der Traum im ehelichen Schlafzimmer. „[...] aber das stimme nicht", so Jung, „es ist ein Erosproblem" (ebd., S. 204).

Im Seminar wird das Problem noch weiter diskutiert, auch von der Symbolik des schwarzen und weißen Brotes her. Schwarzbrot sei zwar das nahrhaftere Brot, aber Weißbrot werde aus Getreidekörnern ohne die

Hülsen gemacht, gleichsam „aus der ‚Seele' des Getreides". Dazu Jung mit Bezug auf den Jungen: „Merkwürdigerweise nährt er sich nur von Weißbrot, dem innersten Kern des Getreides, von etwas, das sich" – auf das Thema Sexualität bezogen – „in der Sexualität verbirgt, das ist das *Gefühl*, das *Bezogensein*" (Jung 1991, S. 204).

Man würde, so Jung, dem Träumer an dieser Stelle gerne sagen: „Dass Sie mit Ihrer Frau sexuell verkehren, beweist nicht, dass Sie eine Beziehung zu ihr haben." Aber weil die meisten Menschen Sexualität bereits für Bezogenheit halten, werde im Allgemeinen erwartet, dass die Seele im Anschluss an sexuelles Erleben nicht traurig ist. Jung erinnert hier aber auch an die ebenfalls nicht seltene Erfahrung: „[…] oft kommt es in der Ehe nach dem Beischlaf zu den schlimmsten Streitigkeiten und Missverständnissen, denn die Sexualität nährt den Eros nicht" (Jung 1991, S. 205). Und so enthalte dieser Traum die Erfahrung und die Erkenntnis: „Eros erscheint auf rätselhafte Weise und verschwindet auf rätselhafte Weise. Er fliegt aus dem Fenster" (ebd.).

Was bedeutet das nun? Jung geht noch einmal auf die Interpretation ein, die Eros-Figur könnte einfach die kindliche Seele bedeuten: „Aber wenn wir das sagen, dann müsste die kindliche Seite mit seiner Frau in Beziehung treten, und dieser Situation ist er noch nicht ganz gewachsen. Wir können sagen, sein natürliches, unverfälschtes Gefühl sollte am Besten sofort mit seiner Frau die Beziehung aufnehmen. „Es ist völlig richtig, dass das Kind die kindliche Seite des Träumers ist", aber dieses Symbol weist auch auf etwas voraus, „es ist auch das Vielversprechende in ihm. Was man entwickelt hat, ist abgehakt, aber die unentwickelten Dinge sind doch eine Verheißung auf die Zukunft. Der Junge repräsentiert also, was noch entwickelt werden kann, die Selbsterneuerungstendenz im Menschen" (Jung 1991, S. 206) und damit gleichsam symbolisch den „Puer aeternus". Um die Selbsterneuerungstendenz des Menschen geht es also, wenn im Traum das Symbol dieses Jungen erscheint.

Es ist bewegend, wie sich die Traumsymbolik aus dem 13./14. Jahrhundert mit der eines Traumes aus dem 20. Jahrhundert berührt, der in Jungs Traumseminar besprochen wird und dessen Symbol des kleinen nackten Jungen, der weißes Brot braucht, nun als ein zeitübergreifendes Urbild sichtbar wird. An dieser Stelle wird auch Jungs Genius spürbar, seine tiefgründigen Forschungen in der Kultur- und Geistesgeschichte, die ihn auf die Symbolik des Jungen stoßen lassen, gerade auch bei Meister Eckhart, in dessen Traum der kleine nackte Junge den Gott Eros und damit Bezogenheit symbolisiert.

7. Das Gottesbild als Archetyp der Ganzheit

Auch in den relativ frühen Aufsätzen des Bandes *Aion. Beiträge zur Symbolik des Selbst* (GW 9/II) spricht C.G. Jung seine außerordentliche Wertschätzung für Meister Eckhart aus, vor allem für dessen Perspektiven auf das Menschenbild und, eng damit verbunden, auch auf das Gottesbild des Menschen. Jung findet darin grundlegende geistige und psychologische Voraussetzungen, auf die er sein eigenes Verständnis des Selbst und der Selbstwerdung des Menschen aufbauen kann. So schreibt Jung über Eckhart: „Der weltumspannende Geist Meister Eckharts weiß, ohne Wissen" – d. h. ohne spezielle religionswissenschaftliche Kenntnisse, die damals in Europa noch nicht vorlagen –, „um die indische Urerfahrung so gut wie um die gnostische und ist selbst die schönste Blüte am Baume des liber spiritus" – des freien Geistes –, „der den Anfang des 14. Jahrhunderts kennzeichnet" (GW 9/II, § 302). Erst im 19. Jahrhundert habe sich jedoch ein Publikum gefunden, „welches die Großartigkeit des Eckhart'schen Geistes annähernd zu ermessen in der Lage war" (ebd.).

Auszugehen ist mit Eckhart von der Einsicht, dass das Gottesbild „keine Erfindung, sondern ein *Erlebnis*" (GW 9/II, § 303) ist. Das Gottesbild ist daher in der Lage, den Bewusstseinszustand des Menschen zu verändern, wie auch dieser am bewusstgewordenen Gottesbild Korrekturen anbringen kann. Gleich hier jedoch nimmt sich Jung als der Psychologe, der er ist, auch wieder zurück: Natürlich handle es sich bei der „Veritas prima", der ersten Wahrheit, dem unbekannten Gott, um nichts von der Art, das sich irgendwie nachweisen ließe.

Die Vorstellung von einer präpersonalen, allumfassenden Gottheit, die noch vor aller konkreten Offenbarung sozusagen dem Unbewussten des Menschen entquelle, finde sich im christlich geprägten Abendland erstmals bei Meister Eckhart, während sie im Osten schon in analogen Vorstellungen bezeugt und damit als archetypisch zu betrachten sei. Jung verweist zum Beispiel auf die indische Atman- und Purusha-Philosophie. Indem in dieser Vorstellung das Potential des einen, schöpferischen Seins erahnt und diese Erfahrung in Ehrfurcht wahrgenommen wird, ist sie als ehrwürdig empfunden und kann sich zur Erfahrung von Göttlichem verdichten, ja zu einem Gottesbild.

Dieses Gottesbild, das nach Eckharts Vorstellung den offenbarten Gott transzendiert – ihm vielmehr zugrunde liegt –, stünde nach Jungs Überlegungen zugleich für die „Numinosität des Unbewussten" (GW 9/II, § 303). Psychologisch aber geht es dabei vor allem um Ganzheitssymbolik, wenn sich der Mensch mit der Numinosität des Unbewussten, der Numinosität des Unbekannten, die das Gottesbild auch darstellt, verbindet.

Jung schließt daraus noch weiter: „Alle diese Bilder erweisen sich in der psychologischen Erfahrung als Ausdruck für die vereinigte *Ganzheit des Menschen*. Die Tatsache, dass dieses Ziel und Desideratum als ‚Gott' benannt wurde, beweist, dass es numinosen Charakter hat, und in der Tat haben Erlebnisse, Träume und Visionen dieser Art ein faszinierendes und eindrucksvolles Wesen, welches auch von Menschen, die durch keine psychologischen Vorkenntnisse präjudiziert sind, spontan als solches empfunden wird“ (GW 9/II, § 305).

Jung geht es hier immer wieder darum, dass die entsprechenden Symbole „einen gewissen Ganzheitscharakter darstellen und darum vermutlich ‚Ganzheit‘ bedeuten“ (GW 9/II, § 304). In der Regel sind es „vereinigende Symbole“, die ganzheitssuchenden Menschen in Imagination, Traum oder in ihren selbst gestalteten Bildern begegnen, zum Beispiel, so Jung, bei der Darstellung von Gottessymbolen in Gegensatz-Konjunktionen einfacher Natur (Zweiheiten) oder doppelter Natur (Vierheiten, Quaternitäten), die aus dem Zusammenstoß des Bewusstseins mit dem Unbewussten entstehen, manchmal sogar auch aus der hieraus zunächst entstehenden Verwirrung. Die Kreis- und Vierheitssymbolik dagegen enthält das kompensatorische Ordnungsprinzip (ebd.). Ganzheitsbilder, auch des Göttlichen, deuten zugleich auf Ganzheit des Menschen hin, aber auch auf Ganzheit überhaupt, die sich in der Mandala-Form symbolisieren lässt.

Die Gottheit in Meister Eckharts Theologie aber stellt, wie Jung schreibt, „eine absolute Koinzidenz der Gegensätze dar: ‚[…] von formen formelôs, von werdenne werdelôs, von wesenne weselôs und […] von sachen sachelôs [also: von Formen formenlos, vom Werden werdelos, vom Wesen wesenlos und von Sachen sachelos, I. R.] […]‘“ (GW 9/II, § 301). Und er schließt daraus: „Eine Vereinigung der Gegensätze“ – als eine solche empfindet er Eckharts Beschreibung der Gottheit – „ist gleichbedeutend mit Unbewusstheit, soweit menschliche Logik reicht, denn Bewusstheit setzt eine Unterscheidung und zugleich eine Beziehung zwischen Subjekt und Objekt voraus. Wo es kein ‚anderes' gibt oder noch nicht gibt, da hört die Möglichkeit des Bewusstseins auf" (ebd.). Das gilt aber nur für deren Beschreibungen durch die „menschliche Logik", niemals für die lebendige Gottheit selbst!

Diesen Gedanken aber vergleicht Jung – was mich überrascht – mit der Vorstellung östlicher Religionen von der „Agnosie der Gottheit", des Nichtwissens der Gottheit, was aber in östlichen Vorstellungen auch ein Nichtwissen der Gottheit um sich selbst und die unendliche Potentialität einschließt, die in ihr enthalten ist. Ich vermute, dass Jung, von der archetypisch anmutenden Verwandtschaft zwischen Meister Eckhart und der östlichen Vorstellungsweise überzeugt, dazu tendierte, die östliche Vorstellung von der Agnosie der Gottheit auch in Eckharts Gottesbild zu vermuten.

Dieser Rückschluss erscheint mir aber nicht zwingend und führt bei Jung meines Erachtens zu einer Verkomplizierung der Vorstellung. Für Eckhart ist die Gottheit vielmehr „weise-los". Mir scheint Eckhart eher die Vorstellung einer numinosen schöpferischen Potentialität der Gottheit zu entsprechen: Die Gottheit also als Ermöglichungsgrund alles Schöpferisch-Lebendigen, alles Beseelten und mit Geist Begabten.

Jungs Bild von der unbewussten Gottheit bei Eckhart kann also auf der Projektion einer Vorstellung beruhen, die die Gottheit ungewollt eben doch analog einer menschlichen Person und deren Ausstattung mit Bewusstsein bzw. Unbewusstheit versteht. Das widerspricht aber gerade Eckharts Beschreibung der umfassenden Gottheit als „weise-los“. Zudem kann „Unbewusstheit“ der Gottheit keinesfalls im Sinne der späteren Jung’schen Umschreibung bzw. Definition des Unbewussten im Menschen verstanden werden. Vor allem kann es sich bei den Zuschreibungen „bewusst“ oder „unbewusst“ niemals um etwas handeln, was in der Gottheit selbst vorgeht, da es sich dabei doch ausschließlich um menschliche Vorstellungen handelt, so wie auch ein Glaube an Gott erst um eine bestimmte, durch menschliche Vermittlung geprägte „Offenbarung“ herum – wie die von „Vater“, „Sohn“ und „Heiliger Geist“ – entstehen konnte.

Anders aber als Jung es hier sieht, vermag sich bei Eckhart die Gottheit ihrer selbst im Vater, der dem Sohn als Person gegenübertritt, bewusst zu werden, so wie einem Menschen ein neuer Teil seines Wesens bewusst wird, wenn er als Vater, Mutter in die Begegnung mit seinem bedürftigen Kind gerät. Damit wird die Gottheit für den Menschen als „Gott“ ansprechbar, als Vater, als Sohn und als Geist.

Die menschliche Vorstellung einer Gottheit diesseits und jenseits aller Offenbarung ist jedoch sinnvoll und nachvollziehbar, auch im Sinne eines unerschöpflichen Urgrundes und Weltgrundes. Diese Vorstellung, dieses Symbol bedeutet – abgesehen von aller Projektionsbereitschaft des Menschen auf Gott – das Erkennen einer Unendlichkeit und Transzendenz des Seins und die Einsicht in das Wirken der Wirklichkeit. Wenn wir diese für den Menschen unendliche Transzendenz der Wirklichkeit, der wir unser Sein verdanken, beeindruckend, Respekt gebietend, verehrungswürdig, ja als heilig empfinden, dann dürfen wir sie als „göttlich" bezeichnen, als das, „was uns anruft" – so übrigens auch die Etymologie des altgermanischen Wortes „got". Es bedeutet: das, was uns anruft.

So empfinde und erfahre ich Eckharts Idee einer Gottheit diesseits und jenseits einer jeden Vorstellung von „Gott", die sich ja auch erst im Laufe der Menschheitsgeschichte aufgrund geglaubter Offenbarung entwickelte, als das Kühnste, was wir Eckharts Geist verdanken. So aber beschreibt und versteht auch Jung selbst Eckharts religiöse Vorstellung, die er symbolisch als stimmig darstellt: „Meister Eckharts Theologie kennt eine ‚Gottheit', in der, außer der Einheit und dem Sein, keine Eigenschaft ausgesagt werden kann; sie ‚west'." In einer Anmerkung fügt Jung hier den Eckhart-Satz an: „Diz ende enhât keine wîse, es entwehset der wîse [Dieses Ende hat keine Weise, es entwächst der Weise, I. R.]" (Pfeiffer 1857/1962, zitiert nach: GW 9/II, § 301, Anm. 27). Jung folgert daraus auch, wie oben schon zitiert: „Wo es kein ‚anderes' gibt oder noch nicht gibt, da hört die Möglichkeit des Bewusstseins auf" (GW 9/II, § 301). Doch das ist Jungs, nicht Eckharts Perspektive. Eckhart argumentiert, wie Jung selbst es darstellt, so: „Erst der aus der Gottheit ‚erquillende' Vater, der Gott nämlich, ‚bemerkt sich', wird ‚sich bewusst' und ‚tritt als Person sich selbst gegenüber'. So wird aus dem Vater der Sohn als des Ersteren Begriff seines eigenen Wesens. In seiner ursprünglichen Einheit ‚erkennt er nichts‘ als das ‚überwirklich‘ Eine, das er *ist*“ (ebd.).

Von dem Menschen aber, der sich in Gott versenkt, sagt Eckhart, „daz er sich wirfet in die unwizzenheit, diu got ist [er werfe sich in die Unwissenheit, die Gott ist, I. R.]“ (Pfeiffer 1857/1962, zitiert nach: GW 9/II, § 301, Anm. 29). So also auch der Mensch, der „in Gott“ ist.

Doch lesen wir hier genau! Eckhart spricht hier also von „Unwissenheit“. Das ist etwas ganz anderes als Unbewusstheit! In der Predigt „Beati pauperes spiritu [Selig sind die Armen im Geiste]“ (Mt. 5,3) sagt Meister Eckhart, dass diese Armut auch die des Wissens und Erkennens sein solle: „[…] als der Mensch (noch) im ewigen Wesen Gottes stand, da lebte in ihm nicht ein anderes; was da lebte, das war er selber. So denn sagen wir, dass der Mensch so ledig sein soll seines eigenen Wissens, wie er's tat, als er (noch) nicht war, und er lasse Gott wirken, was er wolle, und der Mensch stehe ledig“ (Predigt 52, DW II, in: Quint 1979, S. 305f.). Und darum solle der Mensch Gott auf folgende Art lieben: „Du sollst ihn lieben, wie er ist: ein Nicht-Gott, ein Nicht-Geist, eine Nicht-Person, ein Nicht-Bild, mehr noch: wie er ein lauteres, reines, klares Eines ist, abgesondert von aller Zweiheit. Und in diesem Einen sollen wir ewig versinken vom Etwas zum Nichts“ (Predigt 83, DW III, in: Quint 1979, S. 355; vgl. die Übersetzung von Pfeiffer 1857/1962, zitiert nach: GW 9/II, § 301). Durch sein Wissen-Wollen, das meist ein Zuviel-Wissen-Wollen ist, verfehlt der Mensch das Geheimnis, das Gott ist.

Für Meister Eckhart ist es das Entscheidende in einem Menschenleben, dass der Mensch sich seines Seelengrundes, der ihn mit der Gottheit vereine, bewusst werde. Das sei der Moment der „Gottesgeburt in der Seele", von der Eckhart immer wieder spricht. Es bedeutet zugleich, dass dabei jeweils etwas von der bis dahin unbewussten Gottheit in das Bewusstsein des Menschen tritt. So kann die vorbewusste Gottheit dem Bewusstsein des Menschen näher und näher kommen, und vielleicht vermag diese Begegnung zwischen Gott und Mensch auch der Gottheit selbst einen neuen Aspekt zu eröffnen, so dass auch ihr in der Begegnung mit diesem Menschen etwas gänzlich Neues geschieht.

Die Gottheit stellt nach C.G. Jungs Perspektive auch die volle Potentialität des schöpferischen Unbewussten dar. Sie entfaltet sich, indem sie vom Menschen gesucht und empfangen wird. So weit reicht mein Verständnis dessen, was Meister Eckharts verwegene Vorstellung einer Gottheit über den offenbarten Gott hinaus bedeuten mag.

Es geht für den Menschen darum, sich seines Angeschlossenseins an die Gottheit bewusst zu werden. Für Eckhart steht jeder Mensch im Verhältnis einer „Sohnschaft" – bzw. „Tochterschaft", wie wir heute ergänzen würden – Gott gegenüber, einer „Sohnschaft", wie sie in Christus sichtbar geworden ist. Und dies gilt im Jetzt der unmittelbaren Gegenwart, so dass sich der Mensch nicht nur – auch wenn er das in seinem Glauben gerne macht – mehr als zweitausend Jahre zurückschauend auf die damalige Offenbarung in Christus rückbeziehen muss. Vielmehr kann er die übergreifende Gottheit in der Gegenwart seines Lebens erfahren, als „Gottesgeburt in der Seele“, Hier und Jetzt.

Für Jung bedeutet und bestärkt Meister Eckharts Vorstellung von der wesenhaften Verbundenheit des Menschen mit Gott seine eigene Idee von der Selbstwerdung des Menschen. Für Jung vollzieht sich in dieser Verbindung des Menschen mit Gott die Verwirklichung des Selbst. So wird der Mensch mit seinem Ich-Bewusstsein an das schöpferische Potential, das auch die bisher unbewussten Lebensmöglichkeiten enthält, angeschlossen; er wird zum ganzen Menschen, in dem zugleich ein Aspekt der Gottheit sichtbar, lebbar und erlebbar werden kann. Für Jung bedeutet diese Vorstellung Eckharts also eine Symbolisierung der Selbstwerdung des ganzen Menschen, der sich mit dem göttlichen Funken im Seelengrund und der bis dahin unbewussten Gottheit mit all ihren schöpferischen Lebenselementen immer mehr verbunden fühlt.

8. Das Tun im Nicht-Tun im Taoismus und bei Meister Eckhart

Zur gleichen Zeit, in der C. G. Jung die vorangehenden Gedanken verfolgte, die in dem Band *Aion. Beiträge zur Symbolik des Selbst* (GW 9/II) veröffentlicht sind, berührt ihn die östliche Lebensweisheit, die er in dem von Richard Wilhelm herausgegebenen, übersetzten und erläuterten taoistischen Text *Das Geheimnis der goldenen Blüte. Ein chinesisches Lebensbuch* beschrieben findet. Relativ früh in Jungs Schaffen – in der Erstfassung schon um 1929 – war sein Kommentar zu diesem Text erschienen, auf den ihn an einem Gabelungspunkt seiner geistigen psychologischen Entwicklung Richard Wilhelm aufmerksam gemacht hatte. „Und was taten diese Menschen, um den erlösenden Fortschritt herbeizuführen?", so fragt sich Jung in seinem Kommentar, und er fährt fort: „Soweit ich sehen konnte, taten sie nichts (wu wei), sondern ließen geschehen" (GW 13, § 20).

Jung bekennt, dass ihm diese taoistische Idee des Tuns im Nicht-Tun zuerst schon durch Meister Eckhart nahegekommen sei: „Das Geschehenlassen, das Tun im Nicht-Tun, das ‚Sich-Lassen' des Meister Eckhart wurde mir zum Schlüssel, mit dem es gelingt, die Türe zum Weg zu öffnen: *Man muss psychisch geschehen lassen können*" (GW 13, § 20). Für Jung war dies so wesentlich, dass er dies auch im Blick auf seine Begegnung mit Menschen in der Praxis konkretisierte: „Das ist für uns eine wahre Kunst, von welcher unzählige Leute nichts verstehen, indem ihr Bewusstsein ständig helfend, korrigierend und negierend dazwischenspringt und auf alle Fälle das einfache Werden des psychischen Prozesses nicht in Ruhe lassen kann“ (ebd.).

In seinem Kommentar zu *Das Geheimnis der goldenen Blüte* hat Jung seine ersten Anregungen zu einer psychotherapeutischen Anwendung von Imagination sowie von Mal- und Gestalttherapie eingebracht, wobei er explizit auf die Kunst, „psychisch geschehen lassen [zu] können“, zurückgreift. Jung spricht in diesem Kommentar zum ersten Mal die Möglichkeiten der Imagination an, ein solches Tun im Nicht-Tun zu verwirklichen, auch in einem laufenden Psychotherapieprozess, zum Beispiel wenn durch den Patienten zunächst „irgendein Phantasiefragment“ aufgegriffen und dieses dann „in seiner Entwicklung objektiv beobachtet wird“ (GW 13, § 20). Ein Traum des Patienten kann diesen Prozess auslösen und zur Imagination führen, auch zur Gestaltung eines Bildes.

Nach Jung handelt es sich zunächst um „eigentliche Phantasiegespinste, die kein deutliches Woher und Wohin erkennen lassen“ (GW 13, § 22). Die Wege zur weiteren Ausgestaltung solcher Phantasien sind dann verschieden; die Menschen sollten im therapeutischen Prozess frei wählen dürfen, ob sie diese Phantasien nur erzählen, ob sie sie niederschreiben oder visualisieren wollen. Einige werden es vorziehen, sie zu zeichnen oder zu malen (ebd.). Gelegentlich ereignet sich darüber auch ein „Bewusstseinskrampf“, wie Jung dies nennt, wenn den Betreffenden das Geschehenlassen nicht gelingen will und „oft nur die Hände phantasieren [können], sie modellieren oder zeichnen Gestalten, die dem Bewusstsein oft gänzlich fremd sind“ (ebd.). Diese Übungen kann man laut Jung so lange fortsetzen, bis der Bewusstseinskrampf sich löst, bis man eben wieder „geschehen lassen kann“. So könne eine neue Einstellung entstehen, „die auch das Irrationale und Unbegreifliche annimmt, einfach weil es das Geschehende ist“ (ebd., § 23). Diese Einstellung des Geschehenlassens, die sich auch im Geist des Ostens wiederfindet, ist Jung eben auch und zuerst bei Meister Eckhart begegnet.

In der Tradition des Ostens wiederum findet Jung auch die Übung des Auspendelns, des Austarierens von entstandenen Spannungen und Ungleichgewichten, sei es von solchen im Leben selbst und/oder von denjenigen in einer das Leben nachgestaltenden Zeichnung, wie sie sich im Osten vor allem im Symbol des Mandalas zeigt und dort zu einer hohen spirituellen Kultur ausgeformt wurde, in der Ganzheit gesucht und gestaltet wird. An dieser Tradition hatte Jung ein starkes Interesse gewonnen und das Mandala-Malen mit all seinen Gestaltungen – von Dualitäten und Quaternitäten bis hin zum umgebenden Kreis und zentrierenden Kern – in seine psychotherapeutische Arbeit eingebracht.

Imagination und Gestaltung sind nur einige der möglichen Beispiele eines „Tuns im Nicht-Tun“, des Wu-Wei, das Jung in der Begegnung mit dem östlichen Geist faszinierte und das er in seiner Arbeit vielfältig aufnahm. Dabei ging es ihm auch darum, in dieser sich lassenden Haltung etwas Archetypisches zu beschreiben, das im Westen nur wenigen Menschen zugänglich war.

Die neue Zugangsweise zur Wirklichkeit, das Geschehenlassen, das Tun im Nicht-Tun, hatte Jung im Westen bisher nur bei Meister Eckhart gefunden – aber eben *auch* bei ihm –, hatte es hochgeschätzt, so vor allem, wie er es auch bei dessen Predigtvorbereitung in Form des Zulassens von Phantasie und Imagination kennenlernen konnte. Das Geschenlassen findet sich zum Beispiel bei Eckharts Vorstellung, dass „Gott in der Seele geboren" werde, oder bei dem damit verwandten Gedanken, dass „Gott" dem Menschen nach innen, näher ins Herz gerückt und verinnerlicht werden könne. So bekennt Eckhart in seiner Kölner Predigt „Surge illuminare iherusalem" (Predigt 14): „Ich aber dachte gestern Abend, dass Gott *enthöht* werden sollte, nicht absolut, sondern vielmehr *innen* [...]. Was oben war, das wurde innen. Du sollst geinnigt werden, [und zwar] von dir selber in dich selber, auf dass er *in* dir sei, nicht, dass wir etwas nehmen von dem, was über uns sei; wir sollten es vielmehr in uns nehmen und sollen es nehmen von uns [selbst] in ins selbst" (Predigt 14, DW I, S. 486). Die bisherige Vorstellungs- und die entsprechende Redeweise von oder über „Gott" müsse, so Eckhart, in eine andere Dimension übertragen werden. Anstelle des Schemas von „erhöht" und „erniedrigt", von „oben" und „unten" bedürfe es eines Dimensionswechsels: Von Gott könne künftig nur in den Kategorien von innen und außen gesprochen werden, nicht mehr von oben und unten. So Eckhart, und so auch im Sinne von Dietrich Bonhoeffer, der einmal sagte: „Einen Gott, den ‚es gibt', gibt es nicht" (Bonhoeffer 1964, S. 94).

Wenn C. G. Jung schreibt, dass ihm „das Geschehenlassen, das Tun im Nicht-Tun, das ‚Sich-Lassen' des Meister Eckhart […] zum Schlüssel [wurde], mit dem es gelingt, die Türe zum Weg zu öffnen" (GW 13, § 20), kann man sich fragen, um welche Tür es geht. Gemeint ist die Tür nach innen, zu sich selbst, aber auch die Tür des Zugangs zum Innenraum eines anderen Menschen im Rahmen psychotherapeutischer Arbeit.

Wie gleichen doch die Worte des chinesischen Meisters Lü Dsu über das Tao denen Meister Eckharts, der sie im Westen des 13./14. Jahrhunderts doch noch nie gehört haben kann: „Das Geheimnis des Lebenszaubers besteht darin, dass man das Handeln benützt, um zum Nichthandeln zu kommen, man darf nicht alles überspringen und direkt eindringen wollen. Der überlieferte Grundsatz ist, die Arbeit am Wesen in die Hand zu nehmen" (Wilhelm/Jung 1992, S. 76), so Meister Lü Dsu in *Das Geheimnis der Goldenen Blüte*, den Jung in seinem Kommentar zu diesem Text an verschiedenen Stellen zitiert (GW 13, §§ 20, 24, 25).

Für C. G. Jung aber mag der Schlüssel zum Sich-Lassen, zur Gelassenheit (mhd. *gelazenheit*), den er früh bei Meister Eckhart fand, eigentlich auch den Zugang zum Geist des Ostens, zum „Tun im Nicht-Tun" überhaupt erschlossen haben. So heißt es bei Eckhart: „Wer sich gänzlich (nur) einen Augenblick ließe, dem würde alles gegeben. […] Der Mensch, der gelassen hat und gelassen ist […] – *der* Mensch allein ist gelassen" (Predigt 12, DW I, in: Quint 1979, S. 217). Lassen meint eine Entbindung vom Ich, die Gott den Eingang öffnet. Für Meister Eckhart bedeutet der von ihm geprägte Begriff der Gelassenheit und die entsprechende Haltung, dass man ein jeweils gebotenes Lassen-Müssen in ein Lassen-Können zu wandeln vermag, in dem man alles Losgelassene an Gott übergibt – und so Geborgenheit in Gott erfährt (Traktat: Reden der Unterweisung, DW V, in: Quint 1979, S. 55–57).

Was eine Begegnung des westlichen Menschen mit dem Geist des Ostens bedeuten kann, beschreibt Jung auch in seinem „Vorwort zu Daisetz Teitaro Suzuki: Die große Befreiung". Jung nähert sich dem dort beschriebenen Satori-Erlebnis des Zen innerlich an und deutet das Erlebnis der „Erleuchtung", wie es im Westen auch genannt wird, als den „*Durchbruch* eines in der Ichform beschränkten Bewusstseins in die Form des nicht-*ichhaften Selbst*" (GW 11, § 887). Diese Aussage entspräche sowohl dem Wesen des Zen als auch der Mystik des Meister Eckhart, die dieser in seiner Predigt „Beati pauperes spiritu" beschreibt: „Als ich aus Gott heraustrat, da sprachen alle Dinge: ‚Es gibt einen Gott!' Nun kann mich das nicht selig machen, denn hierbei fasse *ich mich* als *Kreatur*. Aber in dem Durchbruch, da ich ledig stehen will im Wirken Gottes [...] – da bin ich mehr als alle Kreaturen, da bin ich weder Gott noch Kreatur: Ich bin, was ich war und was ich bleiben werde, jetzt und immerdar! [...] denn ich empfange in diesem Durchbruch, was ich und Gott *gemeinsam* sind" (Büttner 1917, zitiert nach: ebd.). Dazu Jung: „Der Meister schildert hier wohl ein Satori-Erlebnis, eine Ablösung des Ich durch das Selbst, dem ‚Buddha-

Natur', also göttliche Universalität, zukommt" (GW 11, § 888). Und sich selbst sofort einschränkend fügt Jung hinzu: „Da ich hiermit – aus wissenschaftlicher Selbstbescheidung – keine metaphysische Aussage mir anmaße, sondern eine erfahrbare Bewusstseinsveränderung meine, so behandle ich das Satori zunächst als *psychologisches Problem*" (ebd.).

Entsprechend den Beschreibungen im Zen bedeutet Satori, so Jung, den „Blick in die eigene Natur" (GW 11, § 895), die Offenbarung des „ursprünglichen Menschen" (Suzuki 1927, zitiert nach: ebd., Anm. 37, Übersetzung von Jung). Es handelt sich also nicht um Wirklichkeiten der Außenwelt, sondern um solche der Innenwelt, d.h. um ein psychisches Geschehen, das dem als Satori bezeichneten Vorgang zugrunde liegt (GW 11, § 888). Eine Analogie hierzu im Westen findet Jung allenfalls bei Meister Eckhart.

9. Rückkehr der Seele aus der Zerstreuung

Der Weg zur geeinten Seele

Auch im Kapitel „Einleitung in die religionspsychologische Problematik der Alchemie" (GW 12, §§ 1–43) kommt C. G. Jung erneut auf seine Vorstellungen von der Seele zu sprechen. Hier bezieht er sich auf Meister Eckhart, dessen hoher Meinung von der Seele ihm wichtig ist und von dem sich Jung in seiner eigenen Vorstellung verstanden fühlt und inspirieren lässt (ebd., § 10; vgl. auch § 126, Anm. 6; § 153, Anm. 25), vor allem auch, da ihm selbst immer wieder, vor allem von theologischer Seite, vorgeworfen wird, er sähe „die Seele", zu der aus Jungs Sicht deren Funktion als Vermittlungsorgan für religiöse Vorstellungen gehört, ausschließlich und nur als psychisches Phänomen. „Wer von der Wirklichkeit der Seele spricht, dem wird ‚Psychologismus' vorgeworfen" (ebd., § 10).

In der westlichen Welt mangele es an Wertschätzung für die Seele, so Jung, was sich daran zeige, dass eben nicht mit Ehrfurcht von der Seele gesprochen werde. „Da man dies aber nicht tut, muss man daraus schließen, dass auch kein Wert darin ist. Das aber ist nicht notwendigerweise und nicht immer und überall so, sondern nur dort, wo man nichts in die Seele hineintut und ‚allen Gott draußen hat'. (Etwas mehr Meister Eckhart täte manchmal gut!)" (GW 12, § 9; 10).

Über die Vorstellung, „allen Gott draußen" zu haben, spricht Jung schon früher noch ausführlicher im Kapitel „Das Typenproblem in der Dichtkunst" innerhalb des Bands *Psychologische Typen* (GW 6, §§ 275–460). Ich werde noch darauf zurückkommen. Im Kapitel „Traumsymbole des Individuationsprozesses" des Bands *Psychologie und Alchemie* (GW 12, §§ 44–331) betont Jung vielmehr, dass es darauf ankomme, „Gott" – also den wesentlichen Wert – „in der Seele" zu beheimaten, da man sonst „allen Gott draußen habe" und damit zur Vergötzung des Außen, der Außenwelt und all den Dingen und Vorgängen in ihr verführt werde. Jung beruft sich hier auf Eckharts Wertschätzung des „Innen" im Menschen, das in der Seele ist und das dem „Außen" als einem überwertigen Weltbezug gegenübergestellt werden soll, und zitiert dabei Eckhart: „ez ist zemâle inne, niht ûze, sunder allez inne [es ist zumal innen, nicht außen, sondern alles innen, I. R.]" (Pfeiffer 1857, zitiert nach: ebd., § 126, Anm. 6).

In diesem Zusammenhang beklagt Jung den Verfall der Seelenvorstellung in Europa und schreibt: „Der Mensch ist es wert, dass er sich um sich selbst bekümmere, und er hat in der eigenen Seele, woraus etwas werden kann. […] Ich gestehe es gerne: Ich habe eine solche Hochachtung vor dem, was in der menschlichen Seele geschieht, dass ich mich scheuen würde, das stille Walten der Natur durch täppischen Zugriff zu stören und zu entstellen" (GW 12, § 126). Jung betont also, dass er den therapeutischen Prozess keinesfalls durch vielleicht vorschnelle Deutungen irritieren, sondern vielmehr freie Entfaltungsmöglichkeit innerer Bilder und Entwicklung zur seelischen Ganzheit anregen möchte.

Als Beispiel für das „stille Walten der Natur" in der Seele eines Menschen stellt Jung im Folgenden einige Mandalasymbole vor, die in den Träumen eines Klienten aufgetaucht sind. Der seelischen Ganzheit, der man sich im Mandalasymbol, aber auch in anderen Symbolen wie Kugel oder Vierheit, annähern kann, stellt Jung die Gefahr einer Zerstreuung der Seele gegenüber, einer Dissoziation in einzelne Komplexe und entsprechenden Projektionsbereitschaften. Es spricht von einem gefährlichen Zustand, bei dem man „wie eine Fliege im Spinnennetz" hängt und nicht merkt, „dass man seine moralische Freiheit verloren hat" (GW 12, § 153). Überraschenderweise zieht Jung an dieser Stelle zur Erklärung auch Eckhart hinzu, der hier ein bekanntes Jesus-Wort zitiert: „Ich bin nicht gekommen, um auf die Erde Frieden zu bringen, sondern das Schwert, damit abzuschneiden den Bruder, das Kind, die Mutter, den Freund, die wahrlich deine Feinde sind" (Mt 10,34–36). Es irritiert zunächst, dass die „Hausgenossen eines Menschen", so der Wortlaut der Einheitsübersetzung, „seine Feinde sein" würden. Doch auch an anderer Stelle warnt Jesus, dass jemand mit zu starken Bindungen an seine Familie nicht sein Jünger sein könne (Lk 14,26). Vater und Mutter, Frau und Kinder, Brüder und Schwestern können, wenn sie eine Überbedeutung haben, einem Menschen den Zugang zum Reich Gottes blockieren. Eckhart kommentiert das Jesus-Zitat aus Mt 10,34–36 mit den Worten: „Wenn jemand dir allzu nah ist, das kann wahrlich dein Feind werden. Weil dein Auge allein auf diese sehen und deine Ohren allein diese hören und dein Herz in Wirklichkeit allein dieser gedenken, muss deine Seele in all diesen Bereichen zerstreuet werden" (Pfeiffer 1857, zitiert nach: GW 12, § 151, Anm. 25 [Übersetzung I. R.]).

Was aber meint nun Eckhart damit, wenn er sich darauf bezieht? Auch er spricht offenbar von seelischen Situationen, in denen einem die „Heimeligen", die einem sehr Nahestehenden, die Hausgenossen, die Angehörigen, auf die allein man dann noch sieht, hört und sich verlässt, zu „Feinden" werden können oder schon geworden sind, von denen man sich lösen muss, damit die eigene Seele aus ihrer Zerstreuung durch Fremdes gelöst werden kann. Was Eckhart erstaunlicherweise schon zu seiner Zeit als Problematik der Seele kennt und anspricht, das bringt Jung, den dies offensichtlich sehr beeindruckt, in Zusammenhang mit dem Traum eines seiner Klienten – dessen zwölftem Traum –, in dem es um die regressiv-projektive Besetzung von dessen Seele geht, der Seele eines erwachsenen Mannes, die sich jedoch entsprechend den Rollenverteilungen seiner Kindheit aufgespalten hat und deshalb von sich selbst entfremdet bleibt. Der Traum lautet folgendermaßen: *„Der Träumer befindet sich mit Vater, Mutter und Schwester in sehr gefährlicher Lage auf einer Tramplattform."* Jung erklärt: „Auch hier bildet der Träumer mit den Traumpersonen eine Vierheit. [...] Seine Familie stellt die Ganzheit dar", aber dies geschieht, so fügt Jung hinzu, „indem deren Komponenten noch auf die Familienmitglieder projiziert und durch diese personifiziert sind" (GW 12, § 151f.). Die Ganzheit des

Träumers ist also noch zerfallen, „zerstreut" in ihre einzelnen Komponenten, noch auf die einzelnen Familienmitglieder projiziert. Im Bild des Traums: Der Träumer steht „in einem Kollektivvehikel, der Tram" (ebd., § 153) und befindet sich dort in einer für ihn gefährlichen Lage – wie so viele andere Menschen auch. Jung kommentiert: „Dieser Zustand ist aber für den erwachsenen Menschen, weil regressiv, gefährlich; denn er bedeutet eine Aufspaltung seiner Persönlichkeit", die zum Beispiel ein indigener Mensch „als bedrohlichen ‚Seelenverlust' empfindet" (ebd.).

Jung erläutert diesen Zustand so, dass mühsam integrierte Seelenanteile bei dieser Aufspaltung wieder nach außen gezogen würden, etwa wenn man bei einer Verfehlung die eigene Schuld daran noch immer dem Vater oder der Mutter gibt, die einem früh Leid zugefügt hätten, „dafür ist dann wiederum der böse Vater an dem und die lieblose Mutter an jenem schuld, und man hängt in dieser unleugbaren, kausalen Verknüpfung wie eine Fliege im Spinnennetz und merkt nicht, dass man seine moralische Freiheit verloren hat" (GW 12, § 153). Genau hierzu – und nur so macht es Sinn – zitiert Jung nun Meister Eckharts Auslegung und Anwendung des Jesus-Wortes von den Familienmitgliedern als Feinden auf eine innerseelische Situation: Die Berufung auf Vater und Mutter im Sinne einer Delegation von Verantwortung könne einem Menschen seelischen Schaden zufügen, da es eine „Zerstreuung" der Seele in außengeleitete Anteile bedeute, während es doch auf eine Einung der Seele, eine Sammlung und deren damit zu gewinnende Ganzheit ankomme. Die

Fixierung auf Vater und Mutter ist nach Eckhart als „Auslagerung“ von seelischen Anteilen, also als eine „Zerstreuung“ der Seele, anzusehen. Stattdessen gehe es aber doch um die „Zentrierung“ der Seele einer jeden Person, wie unter der Fragestellung: „Wer bin ich, dem all dies geschieht?“ Der bewusstwerdende Mensch wird – bei geeinter Seele – in seine eigene Tiefe blicken und dort die Antwort auf diese Schicksalsfrage finden: Wer bin ich wirklich?

Vom edlen Menschen

Der Entwicklungsweg des Menschen von der Fixierung auf Vater und Mutter bis hin zur vollen Unabhängigkeit ist jedoch – darauf weist Jung ausdrücklich hin – in Meister Eckharts Traktat „Vom edlen Menschen“ überaus schön beschrieben: „Die erste Stufe des inneren und des neuen Menschen, spricht Sankt Augustin, ist es, wenn der Mensch nach dem Vorbilde guter und heiliger Leute lebt, dabei aber noch wie an den Stühlen geht und sich nah bei den Wänden hält, sich noch mit Milch labt.

Die zweite Stufe ist es, wenn er jetzt nicht nur auf die äußeren Vorbilder, (darunter) auch auf gute Menschen, schaut, sondern läuft und eilt zur Lehre und zum Rate Gottes und göttlicher Weisheit, kehrt den Rücken der Menschheit und das Antlitz Gott zu, kriecht der Mutter aus dem Schoß und lacht den himmlischen Vater an.

Die dritte Stufe ist es, wenn der Mensch mehr und mehr sich der Mutter entzieht und er ihrem Schoß ferner und ferner kommt, der Sorge entflieht, die Furcht abwirft, so dass, wenn er gleich ohne Ärgernis aller Leute (zu erregen) Übel und Unrecht tun könnte, es ihn doch nicht danach gelüsten würde; denn er ist in Liebe so mit Gott verbunden in eifriger Beflissenheit, bis der ihn setzt und führt in Freude und in Süßigkeit und Seligkeit, wo ihm alles das zuwider ist, was ihm (= Gott) ungleich und fremd ist" (Traktat: Vom edlen Menschen, DW V, in: Quint 1979, S. 142). Dies scheint mir eine lebendige Illustration dessen, wie sich Eckhart in den Bildern und Beispielen seiner Zeit und seiner Zeitgenossen den Entwicklungsweg des Menschen aus der Anhänglichkeit an die früheren Bezugspersonen vorstellt.

Es ist erstaunlich, wie viel bereits Eckhart von der Gefahr einer „Zerstreuung" der Seele durch Fixierung auf ursprüngliche Bezugspersonen weiß und wie er, der Seelsorger, der er ja auch war, hier geradezu psychologisch argumentiert. Und es ist aufschlussreich zu beobachten, wie C.G. Jung bei der tiefenpsychologischen Trauminterpretation in seinen Seminaren immer wieder gerne auf Anregungen zurückgreift, die er bei Meister Eckhart findet.

10. Ehrfurcht vor der Seele

Zu Beginn seines Kapitels „Einleitung in die religionspsychologische Problematik der Alchemie" setzt C.G. Jung sich – wie schon erwähnt – mit der schleichenden Entwertung des Seelenbegriffs auseinander, die er im sogenannten „Abendland" um sich greifen spüre. Eben weil hier in vielen Fällen der höchste Wert und der höchste Unwert außerhalb der Seele gesehen werde, „so ist die Seele entleert: Es mangelt ihr Tiefstes und Höchstes" (GW 12, § 9).[4]

Beim „Abendländer" werde heute die Seele nach Jungs Ansicht allgemein unterschätzt und mit ihr die Wissenschaft von der Seele, die Psychologie: „Von Psychologie wird im ‚Nur'-Ton gesprochen" (GW 12, § 9). Vonseiten der Theologie und auch der Religionswissenschaft werde Jungs Auffassung, „dass es psychische Faktoren gebe, welche göttlichen Figuren entsprechen", als eine Entwertung dieser göttlichen Gestalten, die man dann als bloß psychisch bedingt empfindet, relativiert: „Es streift an Blasphemie zu denken, dass ein religiöses Erlebnis ein psychischer Vorgang sei; denn es ist – argumentiert man – ‚nicht nur psychologisch'. Das Psychische ist nur Natur, und darum kann aus ihm nichts Religiöses hervorgehen, wie man meint" (ebd.). Hier nun empört es Jung: „Dagegen muss man nun wirklich fragen: Woher weiß man denn solchen Bescheid über die Seele, dass man sagen kann, ‚nur' seelisch? So spricht und denkt nämlich der Abendländer, dessen Seele offenbar ‚nichtswürdig' ist" (ebd., § 10). Jung nimmt im nächsten Absatz aber auch den kritischen Einwand ernst, dass umgekehrt eine ausschließlich religiöse Projektion auf die Seele sie auch einiger ihrer menschlichen Werte berauben könnte, so dass sie sich nicht mehr vollständig entwickeln könne und in einem unbewussten Zustand stecken bleibe (ebd., § 11).

Im Weiteren setzt er sich intensiv mit der Bedeutung der Seele und ihrer Beziehung zu „Gott" auseinander und führt differenziert aus: „Wie man sich immer das Verhältnis von Gott und der Seele vorstellen mag – eines ist sicher: dass die Seele kein Nur sein kann, sondern die Dignität eines Wesens hat, dem es gegeben ist, einer Beziehung zur Gottheit bewusst zu sein. Wenn es auch nur die Beziehung eines Tropfens zum Meer ist; selbst das Meer wäre nicht ohne die Vielheit der Tropfen. […] Wie das Auge die Sonne, so entspricht die Seele Gott" (GW 12, § 11).

Aus diesem frühen Seelenbegriff wird Jung später, bis in die 50er-Jahre hinein, sein Selbst-Konzept – es wird im nachfolgenden Kapitel noch ausführlich behandelt – entwickeln. Er entfaltet hier eine Vorstellung von der Seele im gleichen Sinne, wie er an späterer Stelle das „Selbst" entwerfen und umschreiben wird: „Unser Bewusstsein umfasst die Seele nicht, und es ist daher lächerlich, wenn wir in gönnerhaftem oder verkleinerndem Ton über die Dinge der Seele sprechen. Selbst der gläubige Christ kennt Gottes verborgene Wege nicht und muss es ihm anheimstellen, ob er von außen oder von innen durch die Seele auf den Menschen einwirken will" (GW 12, § 11). So dürfe auch der Gläubige die

Tatsache nicht bestreiten, dass es „somnia a deo missa“, also von Gott gesandte Träume, gebe, ebenso individuelle numinose Erfahrungen des Menschen, die als „Erleuchtungen seiner Seele“ verstanden werden können, „welche auf keine äußeren Ursachen zurückgeführt werden können.“ Jung betont: „Es wäre eine Blasphemie zu behaupten, dass Gott sich überall offenbaren könne, nur gerade nicht in der menschlichen Seele“ (ebd.). So berichtet er selbst aus seiner Praxis, dass eine sehr rational eingestellte Patientin ihm eines Tages mit großer Verwunderung einen Traum erzählte, in dem ihr ein goldener Skarabäuskäfer geschenkt wird. Nun wusste sie aus der ägyptischen Mythologie, die ihr persönlich etwas bedeutete, dass „Skarabäus“ dort ein Symbol der Auferstehung ist, für die Möglichkeit, ein neues Leben zu beginnen. Während sie diesen Traum erzählt, fliegt ein vergleichbarer Käfer – ein „Rosenkäfer“ als der nächste europäische Verwandte des ägyptischen Skarabäus – ans Fenster des Behandlungszimmers und wird von Jung hineingelassen. Jung ist so berührt davon, dass er den Käfer mit beiden Händen einfängt und ihn der Patientin mit den Worten überreicht: „Hier ist Ihr Skarabäus“ (GW 8, § 972).

Die Innigkeit der Beziehung zwischen „Gott“ und „Seele“ schließe jede Minderbewertung der Seele aus. Schon die kirchliche Lehre von der Gottebenbildlichkeit des Menschen falle stark ins Gewicht bei der Würdigung des menschlichen Faktors in der Beziehung zwischen Gott und Seele, auf die es Jung hier ankommt. „Es ist vielleicht zu weit gegangen, von einem Verwandtschaftsverhältnis zu sprechen; aber auf alle Fälle muss die Seele eine Beziehungsmöglichkeit, d. h. eine Entsprechung zum Wesen Gottes in sich haben, sonst könnte ein Zusammenhang nie zustande kommen" (GW 12, § 11).

Welchen überzeugenderen Kronzeugen für diese hohe Meinung von der Seele könnte Jung finden als Meister Eckhart! Und hier fügt er hinzu: „Es ist darum psychologisch gänzlich undenkbar, dass Gott das ‚ganz Andere' schlechthin sein sollte; denn ein ‚ganz Anderes' ist niemals das der Seele innigst Vertraute, was Gott eben auch ist" (GW 12, § 12, Anm. 4). Hier positioniert sich Jung ausdrücklich gegen die in seiner Zeit sehr einflussreiche theologische Position des reformierten Theologen Karl Barth (1945ff.), der nicht müde wird, von Gott als dem „ganz Anderen" zu sprechen und ihn von jeder menschlichen Erfahrungsmöglichkeit zu unterscheiden, es sei denn, durch ausdrückliche „Offenbarung", wie er es nennt. Doch wer kann solche Offenbarung autorisieren, außer der jeweils präsenten Religionsgemeinschaft, die dafür einsteht? Fairerweise darf nicht unterschlagen werden, dass Karl Barths Argumentation auch vor dem damaligen zeitgeschichtlichen Hintergrund zu sehen ist und sich zum Beispiel gegen den willkürlich zurechtgebogenen Gottesbegriff der sogenannten „Deutschen Christen", einer dem Nationalsozialismus zugewandten Gruppierung während der NS-Zeit richtete.

Die Beziehungsmöglichkeit der Seele zu Gott beruht darauf, dass sie „eine Entsprechung zum Wesen Gottes in sich" hat, und hier betont Jung: „Diese Entsprechung ist, psychologisch formuliert, der *Archetypus des Gottes-*

bildes" (GW 12, § 11). Jung lässt diese Aussage nicht stehen, ohne zugleich zu präzisieren, unter welchem Vorzeichen und innerhalb welchen Horizonts der Archetyp des Gottesbildes sichtbar werden kann: „Jeder Archetyp ist unendlicher Entwicklung und Differenzierung fähig. Es ist daher möglich, dass er mehr oder weniger entwickelt ist. In einer äußerlichen Religionsform, wo aller Nachdruck auf der äußerlichen Figur liegt (wo es sich also um eine mehr oder weniger vollständige Projektion handelt), ist der Archetypus identisch mit äußeren Vorstellungen, bleibt aber als seelischer Faktor unbewusst. Wenn ein unbewusster Inhalt durch ein Projektionsbild dermaßen ersetzt ist, so wird er vom Mitleben im und Einflussnehmen auf das Bewusstsein ausgeschlossen" (ebd., § 12).

Gläubigen, die ihre Vorstellungen projizierend verobjektivieren, fehlt oft die Erfahrung der Seele: „Der Zustand der Seele entspricht nicht dem äußerlich Geglaubten. […] Ein Christus ist ihnen nur außen begegnet, aber nie aus der eigenen Seele entgegengetreten […]. Solange die Religion nur Glaube und äußere Form und die religiöse Funktion nicht eine Erfahrung der eigenen Seele ist, so ist nichts Gründliches geschehen. Es muss noch verstanden werden, dass das ‚mysterium magnum' nicht nur an sich vorhanden, sondern auch vernehmlich in der menschlichen Seele begründet ist" (GW 12, § 12). Doch gibt Jung an anderer Stelle auch zu bedenken, dass die Wirksamkeit der „Gottheit" im Grunde total unbewusst und unbekannt sei (GW 9/II, § 301).

Für Eckhart ist es nur in diesem „Leben in Gott"

möglich, dass der Mensch die ihm eigene „Gottesverwandtschaft“ voll erkennen kann. Doch von dieser „Gottesverwandtschaft“ in sich selbst ist er entfremdet, wenn er sich zum Beispiel auf Gott ausschließlich als dogmatisch fixierte Trinität bezieht, die ihm nur als das „ganz Andere“ gegenübertritt. Meister Eckharts Unterscheidung zwischen „Gott“ und „Gottheit“ macht es Jung aber auch möglich, eine durch Gottesbilder geformte Religiosität ausdrücklich zu unterscheiden von einer Participation mystique selber, dem Einheitserleben, der Teilhabe an Gott, dem Göttlichen.

Jung erahnt diesen Moment der Identitätserfahrung zwischen Gott und Mensch sehr wohl, der aller Mystik eigen ist, doch findet er es weniger angezeigt als Eckhart, sich öffentlich darauf zu beziehen oder gar dabei zu verweilen, weiß er doch auch um das in dieser Vorstellung enthaltene Potential an psychischer Inflation für den Menschen.

Das Gottesbild wandelt sich, hat sich immer gewandelt, wie auch die Gotteserfahrung. Auch daran sehen wir die Lebendigkeit der Beziehung zwischen Mensch und Gott. Die Gottesbeziehung aber ist erlebbar – bis hin zu einer „Participation mystique“.

11. Seelengrund und Seelenfunke

In seinem Spätwerk „Mysterium coniunctionis" (GW 14/I–III), in dem es um die Vereinigung der großen Gegensätze im Erleben des Menschen geht – der Gegensätze von Stoff und Geist, aber auch der innerpsychischen im Menschen selbst –, bezieht sich C. G. Jung mehrfach in bedeutungsvoller Weise auf Meister Eckhart. So heißt es im Band 14/II: „Und wenn der Geist der Zeugung und des Lebens dem Menschen einwohnt, so kann auch Gott in ihm geboren werden; welcher Gedanke seit Meister Eckhart nicht mehr untergegangen ist" (GW 14/II, § 105). Und Jung zitiert hierzu die Anfangsworte aus Eckharts Predigt über Weish 18,14: „[...] dass dieselbe Geburt nun geschehen ist in der Zeit, in menschlicher Natur. Es sagt St. Augustin, dass diese Geburt immer geschieht. So sie aber nicht in mir geschehe, was hilft mir das dann? Aber dass sie in mir geschehe, daran liegt alles" (Pfeiffer 1857, zitiert nach: ebd., Anm. 248 [Übersetzung I. R.]).

Der entscheidende Satz Jungs, der Meister Eckhart einen bedeutenden Stellenwert für die zukünftige geistige Entwicklung einräumt, lautet: „Der vernehmlichste Künder dieses Geistes ist Meister Eckhart mit seiner Idee der Sohnesgeburt in menschlichen Individuen und die dadurch bedingte Gottessohnschaft des Menschen" (GW 14/II, § 108). Es geht Jung da wie Eckhart um nichts Geringeres als um eine „Gottessohnschaft des Menschen" überhaupt, wie Jung in den Worten Eckharts in einer Anmerkung noch hinzufügt: „Und so gebiert Gott der Vater seinen Sohn in wahrer Einheit göttlicher Natur. Seht, in derselben Weise und in keiner anderen gebiert der Vater seinen Sohn im Seelengrund und vereint sich so mit ihr“ (Pfeiffer 1857, zitiert nach: ebd., Anm. 250 [Übersetzung I. R.]).

Unter historischem Blickwinkel sieht Jung einen Teil dieses Geistes, der mit der Idee der unmittelbaren Beziehung zu Gott verbunden ist, in der sich ausformenden Mystik nach Jakob Böhme enthalten, so bei Angelus Silesius und dessen Geisteshaltung, die wohl – wie Jung meint – noch einer Ergänzung durch indische und chinesische Einheitsphilosophien bedurft hätte, damit sie seinerzeit wirklich hätte verstanden werden können (GW 14/II, § 108).

Was Jung auf eine besondere Weise immer wieder auf Meister Eckharts intuitive Vorstellungen ansprechen ließ, war der zentrale Stellenwert, den „die sêle“ in Meister Eckharts Menschen- und Gottesbild einnimmt, eben in dessen Vorstellung von der Beziehung des Menschen zum Unendlichen, zu Gott. Das zeigt sich vor allem in seiner Vorstellung von einem „Seelengrund“ des Menschen, in dem sich letztlich eine „Geburt Gottes“ ereignen könne, wobei vielleicht der Seelengrund als ein Anteil des Menschen am Sein Gottes selber zu verstehen sei. Der „Seelengrund“ ist bei Eckhart das Potential in der Seele, aus dem alle Kräfte der Seele, etwa Verstand und Wille, zuallererst entspringen. Der Grund der Seele begründet erst alle die Vermögen der Seele: „[...] dass etwas in der Seele ist, das gar heimlich und verborgen ist und weit oberhalb dessen, wo die

Kräfte Vernunft und Willen ausbrechen“ (Predigt 8, DW I, in: Quint 1979, S. 190) – und worin sie zugleich gründen, in der Tiefe der Seele. Der Seelengrund ist für Eckhart – im Unterschied zu der Geschaffenheit der Seele als solcher – ungeschaffen. Er hat teil an Gott selbst. „Hier ist Gottes Grund mein Grund und mein Grund Gottes Grund“ (Predigt 5b, DW I, in: Quint 1979, S. 180).

Eckhart bezeichnet den Seelengrund mit Metaphern wie „Fünklein“, „Burg“, aber auch als „eine Kraft im Geiste“, „eine Hut des Geistes“, „ein Licht des Geistes“ (Predigt 2, DW I, in: Quint 1979, S. 163). Er ist, weil zeit- und ortlos, „weder dies noch das“ (ebd.). „Dennoch“, so Saskia Wendel, „ist der Grund für den mittelalterlichen Philosophen und Theologen Eckhart mehr als erkenntnistheoretische Möglichkeitsbedingung […]. Er ist auch Seinsgrund, der den einzelnen Menschen in sein Sein setzt […] (Wendel 2001, S. 154f.). Nach meiner Auffassung ist es in unserem Zusammenhang weiterführender, vor allem den Bildern, mit denen Meister Eckhart den Seelengrund umschreibt, symbolisch nachzugehen, statt seiner komplizierten Begrifflichkeit in allen Einzelheiten nachzuspüren. Folgen wir also zunächst seiner Vorstellung vom Seelengrund anhand des Seelenfunkens, also des „Fünkleins“, das daraus entspringe.

Ein Funke enthält bereits das ganze Potential des Feuers, das sich an ihm weiter entfachen wird, das die ganze Seele, den ganzen Menschen zu entflammen vermag. Nach Eckharts Vorstellung trägt der Mensch den Funken also schon in sich, im Seelengrund, in „der sêle grund". Wie ein Funke springt, ja entspringt, erlebt man auch beim Aufeinanderschlagen von zwei Feuersteinen. Es ist ein Bild- und Erfahrungssymbol, das auch den schöpferischen Sprung, das Entspringen des Schöpferischen im Grund der Seele umschreiben kann. So entspringt Schöpferisches, wenn der Feuerstein im Grund der menschlichen Seele auf das göttliche Urgestein trifft.

Zudem findet sich bei Eckhart im Zusammenhang mit dem springenden Funken ein ganzes Konzept des inneren Lichtes, einer Erleuchtung der Seele, die Gott erkennt. Bei einigen Kirchenvätern und Gnostikern sei auch die Rede von dem „allerkleinsten Funken", der „eingemischt" sei und „sich zu einer unbegrenzten und unveränderlichen Kraft entwickle" (GW 9/II, § 344). Schon der Philosoph Heraklit sprach von der Seele als „scintilla stellaris essentiae" dem Funken der Sternen-Essenz. Bescheidener, aber ebenso überzeugt, klingt ein Wort von Eckhart selbst: „Und es gibt eine Kraft in der Seele, die spaltet das Gröbste ab und wird mit Gott vereint: das ist das Fünklein der Seele" (Predigt 20a, DW I, in: Quint 1979, S. 243). Auch gilt es, sich beim Wahrnehmen dieses „Fünkleins" abzukehren „von sich selbst und von allen geschaffenen Dingen – so weit du das tust, so weit wirst du geeint und beseligt in dem Fünklein in der Seele, das weder Zeit noch Raum je berührte" (Predigt 48, DW II, in: Quint 1979, S. 315f.).

Im Seelengrund wiederum kann sich das Umstürzende ereignen, ein Durchbruch in die Tiefe des Seins, das für Eckhart das Sein der Gottheit bedeutet. Eckhart spricht von diesem Umstürzenden auch als von der

„Gottesgeburt in der Seele“, eine Vorstellung, auf die ich in Kapitel 3, S. 32–40, schon ausführlich eingegangen bin. Diese revolutionäre Idee darf als Zentrum von Eckharts Theologie gelten, von der sein weiteres Nachdenken, zum Beispiel über die Gelassenheit oder die geistige Armut, überhaupt erst ausgehen kann. Gewiss knüpft er mit diesem Gedanken an die symbolische Bedeutung von Weihnachten an, die besagt, dass der Mensch im Sinne dieses Weihnachtsbildes von der Geburt des göttlichen Kindes im Stall, selbst zur Krippe werden soll, damit auch in uns, der wahre Mensch, der in jedem Menschen angelegt sei, geboren werden kann – so wie es auch in den bereits zitierten Versen von Angelus Silesius heißt: „Wird Christus tausendmal zu Bethlehem geboren / Und nicht in dir, du bleibst noch ewiglich verloren“ (Angelus Silesius 1982, S. 56).

Jung hat offenbar die Idee vom Seelenfunken als ein gnostisches Symbol des „Selbst“ aufgefasst, an dem er seine eigene Vorstellung vom „Selbst“ weiter entfalten und beschreiben konnte: ein „Selbst“, in dem sich Bewusstes und Unbewusstes – bis hin zum kollektiven Unbewussten – verbinden können. In seinen Studien zur Mandala-Symbolik kommt Jung zu dem Schluss, dass „auch im westlichen Mandala die scintilla, der Seelenfunke, die innerste, göttliche Essenz des Menschen, durch Symbole gekennzeichnet [ist], die ebenso gut ein Gottesbild bezeichnen können“ (GW 9/I, § 717).

Theodor Seifert meint in seinem Artikel zur gnostischen Vorstellung der „scintilla“: „Das scheinbar so winzige Seelenfünklein ist Träger einer unermesslichen

Kraft und damit Symbol einer entsprechenden Energie im Menschen und der Natur. Fast könnte man in ihm die Energie der Evolution in symbolischer Form erkennen. Dieser die konventionelle Religion ängstigende Gedanke sprengt jeden Rahmen, als Grundelement der Mystik muss das kleine Fünklein sehr verdächtig sein, verbindet es doch den Menschen direkt mit dem Ewigen" (Seifert o. J.).

Nach Meister Eckhart ist das „Fünklein in der Seele" der Wegweiser „in den allfältigen Grund, in die stille Wüste, in die nie Unterschiedenheit hineinlugte [...]. Denn dieser Grund ist eine einfältige Stille, die in sich selbst unbeweglich ist; von dieser Unbeweglichkeit aber werden alle Dinge bewegt [...]" (Predigt 48, DW II, in: Quint 1979, S. 316). So ist es Wegweiser in jenen von Eckhart angenommenen Raum der Gottheit, der jenseits aller geoffenbarten Gottesvorstellungen steht und weit über sie hinausreicht: Diesem Funken, so Eckhart, „genügt's weder am Vater noch am Sohne noch am Heiligen Geist noch an den drei Personen (zusammen)", er „will nichts als Gott, unverhüllt, wie er in sich selbst ist" (ebd.).

Als Symbol verbindet der göttliche Funke Innenwelt und Außenwelt, enthält einen geheimnisvollen Bedeutungsüberschuss, der zum Denken und Fühlen hin öffnet. Er kann auch als Inspiration verstanden werden, denn er taucht immer da auf, wo es um Kreativität und Neugestaltung großer Zusammenhänge geht.

Jung weist nach, dass die Vorstellung der „scintilla" archetypisch ist, indem er ihre Verbreitung und Bedeutung in der Kultur der ganzen Menschheit aufzeigt, zum Beispiel in ihrer Verbindung zur östlichen Vorstellung des Tao, zum Taoismus also, auf den er in seinem Kommentar zu dem chinesischen Weisheitstext „Das Geheimnis der goldenen Blüte" ausführlich eingeht. Die Verbindung der „scintilla" zum Tao geschieht dort über das Licht, das sowohl der „scintilla" als auch der „goldenen Blüte" des Taoismus eigen ist. Das Licht der Goldblüte wie das des Himmels ist nach dieser Vorstellung aber das Tao (GW 13, § 33).

Von der Lichtsymbolik der „scintilla" weiß auch Anagarika Govinda in seinem Werk *Grundlagen tibetischer Mystik* zu sprechen. Dort beschreibt er „ein inneres Licht als die einzige Möglichkeit, die in die ‚Tiefe unseres Bewusstseins' [seine Umschreibung des Unbewussten, I. R.] hineinführt" (Govinda 1956, S. 329). Das „Wunder jenes inneren Lichtes, das in der Tiefe unseres Bewusstseins schlummert" (ebd., S. 337) entspricht dem „Seelenfunken" Meister Eckharts, der auch Jungs Vorstellung vom „Selbst" zugrunde liegt. So ist in Meister Eckharts Symbol des „Seelenfunkens" enthalten, zugleich ein umfassendes Konzept des inneren Lichtes, der Entsprechung der Erleuchtung im Rahmen östlicher Mystik.

C. G. Jungs Vorstellung von einem „Selbst", das die Dimension des großen Ganzen und damit auch eines kollektiven Unbewussten umfasst, ist jedoch immer auf einen einzelnen Menschen und dessen Bewusstsein bezogen, eben auf dessen „Seelengrund": „Die Einbeziehung der einmaligen menschlichen Persönlichkeit (und dies besonders in Vereinigung mit der nicht bestimmbaren göttlichen Natur) entspricht eben dem absolut

Individuellen des Selbst, welches Einmaliges mit Ewigem und das Einzelne mit dem Allgemeinsten verbindet“ (GW 12, § 22).

Auf Jungs Vorstellung vom Selbst möchte ich im nächsten Kapitel noch näher eingehen.

12. Das Selbst – die Ganzheit des Menschen

Wie Meister Eckhart kennt und beschreibt auch C. G. Jung den „Grund der Seele“, aus dem „das Selbst“ entspringt, das in Jungs Menschenbild als Symbol der Ganzheit eine zentrale Stellung einnimmt. Ich möchte im Folgenden nicht die vollständige Reichweite des Jung'schen Selbst-Begriffs darstellen, es interessieren hier vor allem dessen Bezüge zu Meister Eckhart.

Jungs Vorstellung vom Selbst des Menschen, das ihn mit seiner Ganzheit verbindet, schließt den Menschen zugleich an das Symbol der Ganzheit überhaupt und insofern auch an das Gottesbild an. Ein verwandter Klang in den Aussagen Jungs über „das Selbst“ mit denen von Meister Eckhart über den „Seelenfunken“ im Seelen- und damit im Gottesgrund, um den es im vorherigen Kapitel ging, ist kaum zu überhören, wenn Jung schreibt: „Intellektuell ist das Selbst nichts als ein psychologischer Begriff, eine Konstruktion, welche eine uns unerkennbare Wesenheit ausdrücken soll, die wir als solche nicht erfassen können, denn sie übersteigt unser Fassungsvermögen, wie schon aus ihrer Definition hervorgeht. Sie könnte ebenso wohl als ‚der Gott in uns‘ bezeichnet werden. Die Anfänge unseres ganzen seelischen Lebens scheinen unentwirrbar aus diesem Punkt zu entspringen, und alle höchsten und letzten Ziele scheinen auf ihn hinauszulaufen“ (GW 7, § 399).

Ein Symbol des Selbst ist – wenn es in Träumen,

Imaginationen oder gar Visionen erscheint – vom Ganzheitssymbol eines Gottesbildes, dem es angeschlossen und einbeschlossen ist, nicht grundsätzlich zu unterscheiden. So schreibt Jung: „Das Selbst [...] hat intellektuell nur die Bedeutung einer Hypothese. Seine empirischen Symbole hingegen besitzen sehr oft eine bedeutende *Numinosität* (zum Beispiel das Mandala), das heißt einen apriorischen Gefühlswert [...] und es erweist sich damit als eine *archetypische Vorstellung*, die sich vor anderen Vorstellungen solcher Art dadurch auszeichnet, dass sie entsprechend der Bedeutsamkeit ihres Inhaltes und ihrer Numinosität eine zentrale Stellung einnimmt" (GW 6, § 816).

C. G. Jung hat den Begriff des „Selbst" gefunden und in ein tiefenpsychologisch fundiertes Menschenbild eingeführt, um damit das Persönlichkeitszentrum des Menschen zu bezeichnen, aus dem die Symbole der Ganzheit entspringen, die er bei jedem der Menschen wahrnehmen konnte, die ihm ihre Träume, Imaginationen oder auch Visionen mitteilten. Dazu gehörten auch geometrische Gebilde, die sie malten und träumten, und die zum Beispiel Elemente eines Zentrums, Kreises oder der Vierheit in sich vereinten, wie dies beim Mandala der Fall ist (GW 9/I, §§ 713ff.). Diese Symbole kompensieren im Sinne der Selbstregulierung der Psyche auch Anteile an Zerrissenheit und Desorientierung. Hier erscheint das Persönlichkeitszentrum, das sich im Verlauf eines empirisch erfolgenden Entwicklungsprozesses – von Jung als „Individuationsprozess" bezeichnet – auch als dem Bewusstseinsumfang des Ich überlegen zeigt.

Das „Selbst“ ist einerseits ein Konstrukt. Als innerseelische Wahrnehmung wird es von Jung aber zugleich als eine vitale Erfahrung bezeichnet, als ein Prozess von Selbstregulierung und Selbstzentrierung, wobei zugleich der Seelengrund – das, was von Grund auf da ist – erfahrbar wird: „Dieser Vorgang der Menschwerdung wird in Träumen und inneren Bildern [...] als allmähliches Hervortreten und Deutlichwerden von etwas, das stets vorhanden war, dargestellt“ (GW 11, § 399), einer potentiellen Ganzheit nämlich. Jung folgt hier Meister Eckhart, der die Einheit des Seelengrundes von Anfang an als gegeben sah, noch ehe der Mensch dessen bewusst werden kann – im Sinne einer Voraussetzung für den Lebensauftrag eines jeden Menschen: „Werde, der du bist.“ Und was du, empirisch betrachtet, noch nie warst!

Es braucht im Laufe des gelebten Lebens eine wachsende Bewusstwerdung dieses Seelengrundes und eine lebendige Beziehung zu diesem, damit der betreffende Mensch aus den eventuell zersplitterten Teilerfahrungen seiner selbst heraus im Prozess der Individuation zu einem Ganzen werden kann. Jung differenziert diesen Prozess in dreifacher Weise: Individuation sei ein Integrationsvorgang, ein Abgrenzungsvorgang und ein Beziehungsvorgang.[5] Hier interessiert vor allem der Integrationsvorgang: „Einesteils ist die Bewusstwerdung, als eine Zusammenführung abgesplitterter Teile, eine bewusste Willensleistung des Ich, anderenteils aber bedeutet sie auch ein spontanes Hervortreten des Selbst, das von jeher war. Einerseits erscheint die Individuation als Synthese einer neuen Einheit [...], andererseits aber als das Offenbarwerden eines Wesens, das dem Ich präexistent, ja dessen Vater oder Schöpfer und dessen Ganzheit es ist" (GW 11, § 400).

So sieht es auch Eckhart: Der Mensch, der sich bewusst wird, dass sein Seelengrund ursprünglich mit Gott verbunden ist, erkennt, dass dies vom Ursprung her so war und ist. Hieraus kann jedoch ein grundlegend neues Selbstverständnis erwachsen, ein Lebensauftrag für den betreffenden Menschen, den Jung eben dem Impuls des Selbst zuschreibt, den es wahrzunehmen gilt. Dass aber das, was das „Fünklein" in der Seele wahrzunehmen vermag, welches im Grund der Seele an die Gottheit angeschlossen ist, nicht auf bewusster Ebene beschreibbar ist, das weiß schon Eckhart. Andererseits sagt Jung: „Zum Symbol des Selbst kann alles werden, wovon der Mensch eine umfassendere Ganzheit voraussetzt als von sich selber" (GW 11, § 232).

All diese Symbole für das Selbst sind für Jung nahe den Symbolen für das Gottesbild: „Wie schon des Öfteren betont, lassen sich die spontanen Symbole des Selbst (der Ganzheit) von einem Gottesbilde praktisch nicht unterscheiden" (GW 9/II, § 73). Jung unterstreicht an anderer Stelle: „[...] auf alle Fälle muss die Seele eine Beziehungsmöglichkeit, das heißt eine Entsprechung zum Wesen Gottes in sich haben, sonst könnte ein Zusammenhang nie zustande kommen" (GW 12, § 11). Diese Entsprechung aber beschreibt er – psychologisch formuliert – als den „*Archetypus des Gottesbildes*" (ebd.).

Jung bringt also das innere Zentrum des Menschen, das Selbst, mit dem Gottesbild in Verbindung, natürlich nicht ohne sofort den Vorbehalt aus psychologischer Wissenschaftsperspektive zu benennen: „Wir wissen einfach nicht, woraus der Archetypus in letzter Linie herzuleiten ist, so wenig wie wir den Ursprung der Seele kennen. Die Kompetenz der Psychologie als Erfahrungswissenschaft geht nur so weit, festzustellen, ob der in der Seele gefundene Typus aufgrund vergleichender Forschung billigerweise zum Beispiel als ein ‚Gottesbild' bezeichnet werden darf oder nicht. Über eine mögliche Existenz Gottes ist damit weder positiv noch negativ etwas ausgesagt [...]" (GW 12, § 15). Verena Kast meint dazu: „Aber der Psychologe kann feststellen, dass in Träumen, Imaginationen oder Visionen wesentliche Symbole des Selbst mit Gottesbildern zusammenfallen können" (Kast 2024, S. 47), d.h., dass sie sich in der Wahrnehmung mit höchster Wertung, mit Achtung, ja mit Ehrfurcht verbinden können und immer wieder verbinden.

Das Selbst des Menschen kann sich also im Bild zeigen, aber, so Kast, zum Beispiel auch im Symbol der schöpferischen Quelle, die ebenfalls ein Gottesbild sein kann: „Es geht um ein Zentrum von unversiegbarer Lebendigkeit. [...] Man könnte das Selbst auch als schöpferischen Urgrund verstehen. Wenn Menschen – was Jung ausgesprochen intendiert – mit ihrer schöpferischen Seite in Kontakt kommen, dann verbinden sie sich mit ihrer Innenwelt und kommen in Kontakt mit den selbstregulierenden Kräften der Psyche" (Kast 2024, S. 48). Dies ist natürlich eine Perspektive, die vor allem im Zusammenhang mit Psychotherapie von äußerster Bedeutung ist.

Hier kann zum Beispiel ein Traum erscheinen, wie

der eines Mannes, der über lange Zeit hin sich selbst und damit auch seinem Selbst entfremdet gewesen war (Kast 2008). Im Traum vernimmt er eine Stimme: „Nun laufe!" Und er beginnt zu laufen, an einem Waldrand entlang, vor einem weiten, jetzt mit Schnee bedeckten Feld. Nach einiger Zeit merkt er, dass er unwillkürlich – nach geraden Strecken immer wieder abbiegend – auf seiner Laufspur ein Viereck, ein Quadrat, ja ein Mandala in den Schnee getreten hat. Und in der Mitte? Was ist der Mittelpunkt? Zu seiner Überraschung ist es seine Katze, die er sehr liebt. Dieser Traum, so der Träumer, habe ihn sehr ergriffen und ihm das Gefühl gegeben, „wieder in Ordnung zu sein". Das ordnende Selbstsymbol, das Viereck, das Quadrat – hier mit lebendiger, gefühlsbetonter Mitte –, war aus seinem Unbewussten unwillkürlich aufgestiegen, als er seiner am meisten bedurfte.

C. G. Jung spricht in seinen späteren Schriften noch in erweitertem Sinne vom Selbst, nämlich von *dem* Selbst als dem universalen Menschen in uns. In *dem* Selbst erscheine „der runde, das heißt vollkommene Mensch der Ur- und Endzeit, Anfang und Ziel des Menschen" (GW 16, § 416). So gehe es im Individuationsprozess auch um „eine Bemühung um die Entwicklung des Menschlichen an sich, des kollektiv Menschlichen", wie Verena Kast es interpretiert (Kast 2024, S. 49), oder wie Jung selbst es betont: „Die Individuation ist ein Einswerden mit sich selbst und zugleich mit der Menschheit, die man ja auch ist" (GW 16, § 227).

In *Mysterium coniunctionis* bezieht sich Jung auf den Alchemisten Dorneus, implizit auch auf Meister Eckhart, wenn er davon spricht, „dass der ganzheitliche Mensch sich mit dem Unus mundus verbinden könne, der potentiellen ganzen Welt des ersten Schöpfungstages. Das hieße, dass das Selbst, zunächst intrapsychisches Zentrum des Menschen von großer Selbstregulierungs- und Anordnungskraft, auch mit der äußeren Welt korrespondiert, letztlich auch in einer Verbindung mit dem Kosmos als dem Ganzen steht" (Kast 2024, S. 49). Mit dieser Vorstellung aber berühren sich Jungs Vorstellung und sein Konzept des Selbst auch mit der westlichen Wissenstradition der Mystik um Meister Eckhart und nicht zuletzt auch mit der östlichen, zum Beispiel mit derjenigen um die Purusha-Atman-Lehre.

Eine zentrale Differenzierung innerhalb der Einheit zwischen „Selbst" und „Gott" ist bei Eckhart dadurch markiert, dass diese Einheit in der Bezeichnung des Seelengrundes auch als „Bild Gottes", als „Eben-Bild", zum Ausdruck kommt. Das Bildsein des Seelengrundes für den Grund Gottes markiert hier aber wesentlich mehr als ein Ähnlichkeitsverhältnis: Sofern der Mensch das „Fünklein" in sich trägt, hat er teil an Gott, empfängt er das „göttliche Bild, das der Seele eingedrückt ist" und das Bild „ist nicht aus sich selbst noch [...] ist es für sich selbst" (Predigt 16b, DW I, in: Quint 1979, S. 225; 226). Schon die Schöpfungsgeschichte der Bibel zeigt die innere Verwandtschaft, die Spiegelung zwischen Gott und dem Menschen darin, dass Gott den Menschen „als sein Bild" (Gen 1,27) geschaffen hat, so dass man also auch am Menschen etwas von Gott erkennen kann. So ist der Mensch insofern „Bild Gottes", als er den Seelengrund als Bild seiner Sohnschaft bzw.

Tochterschaft im Blick auf Gott schon immer in sich trägt. Das ist auch die Vorstellung eines „Christus in uns", die uns im Neuen Testament vermittelt wird. Das Sein dieses Bildes ist ein Sein im Werden und trägt eine prozessuale Dynamik in sich, die man im sogenannten Individuationsprozess vollzieht, um wieder mit C. G. Jung zu sprechen: Der Mensch hat im Laufe seines Lebens, was er im Ursprung und anlagemäßig schon ist: „Werde, der du bist."

Ein weiterer Gedanke kommt noch hinzu: Der Mensch, so Saskia Wendel, „muss zum Bild werden, damit sich Gott ins Bild setzen, zur Erscheinung kommen kann. Damit der Mensch aber wirklich zum Bild Gottes werden kann, muss er sich aller anderen Bilder entledigen, auch der eigenen Bilder – auch derer von sich selbst und von Gott –, nicht nur der fremden. Denn diese Bilder verstellen das unmittelbare Bild Gottes im Grund" (Wendel 2017, S. 103).

Der Weg zu Gott beginnt also nach Meister Eckhart wie auch nach C. G. Jung bei einem selbst, beim einzelnen Ich, in dem die Gottesgeburt erfolgen soll. Den Schwerpunkt hierauf zu legen, bezeichnet man in der Theologie des 20. Jahrhunderts auch als eine „anthropologische Wende", die sich auf die konkrete Existenz des einzelnen Menschen bezieht. Das Kommen, die Geburt Gottes im Menschen, wird zum Kernmotiv gemacht, so dass man nicht mehr – quia absurdum – „glaubt", sondern auch „weiß", weil Gott in seiner Schöpfung in jedem einzelnen Menschen präsent und erfahrbar ist.

Auch Christian Roesler betont in einer Studie zum

Jung'schen Archetypenkonzept: „Der Begriff des Selbst bei Jung steht in engem Zusammenhang mit dem Gottesbild. Das Selbst wird von Jung auch häufig als ‚Gott in uns' oder ‚unser Anteil an Gott' bezeichnet. In den etablierten Religionen ist daher die Symbolik des Selbst immer gleichbedeutend mit der Gottesvorstellung" (Roesler 2016, S. 45). C.G. Jung habe sich speziell in seiner Studie *Aion* (GW 9/II) mit Christus, dem Menschensohn, als Symbol des Selbst im Christentum auseinandergesetzt. Auch als Symbol einer Gottesschau in der Mystik des Westens bzw. der „Erleuchtung" in den Religionen des Ostens könne man die Begegnung mit dem Archetyp des Selbst vergleichen (Roesler 2016, S. 45). „Die Tatsache, dass jeder Mensch diesen Archetyp in sich trägt, begründet die allgemeine menschliche Sehnsucht nach Religion bzw. religiöser Erkenntnis und Gottessuche" (ebd., S. 44).

Die Unterscheidung zwischen dem Archetyp des Selbst und dem Ich sowie zwischen dem Selbst-Archetyp und anderen archetypischen Bildern will mit aller Bewusstheit vollzogen werden, wenn wir Jungs großem Konzept des Selbst gerecht werden wollen, mit dem er Eckharts Konzept von der „Gottesgeburt in der Seele" zu entsprechen suchte. Deswegen ist der vom Selbst gesteuerte Individuationsprozess auch nicht mit einem narzisstischen Selbsterhöhungsprozess des Ich zu verwechseln. Auch ist der Beziehungsaspekt des Individuationsprozesses stärker zu beachten, als dies zuweilen geschieht. So betont Jung: „[…], denn die Beziehung zum Selbst ist zugleich die Beziehung zum Mitmenschen, und keiner hat einen Zusammenhang mit diesem, er habe ihn denn zuvor mit sich selbst" (GW 16, § 445). Individuation findet in der Welt statt: „Individuation schließt die Welt nicht aus, sondern ein" (GW 8, § 432), d. h. der Individuationsprozess ist ein dynamischer relationaler Prozess zwischen Außenwelt und Innenwelt.

13. Religiöse Erfahrung aus psychologischer Sicht

C. G. Jungs frühe psychologische Konzepte

Zu „Gott in der Seele", also zu einem psychologischen Zugang zur Gotteserfahrung, meint der damals schon 77-jährige Jung in einem Gespräch mit Mircea Eliade: „Für mich als Psychologe existiert der Zustand der Gnade: Es ist die vollkommene Heiterkeit der Seele, das schöpferische Gleichgewicht, die Quelle der geistigen Energie" (Jung in: Hinshaw/Fischli 1986, S. 81). Und er begründet dies mit den Worten: „Ich bin und bleibe ein Psychologe. Ich beschäftige mich nicht mit dem, was den psychologischen Gehalt der menschlichen Erfahrung transzendiert. [...] Aber im Bereich des Psychischen habe ich mit religiösen Erfahrungen zu tun, die eine Struktur und eine Symbolik haben, welche man interpretieren kann. Für mich ist eine religiöse Erfahrung etwas Wirkliches, eine Wahrheit. Ich stellte fest, dass solche religiösen Erfahrungen die Seele zu retten vermögen, ihre Einswerdung und Integration fördern und ein spirituelles Gleichgewicht herstellen können" (ebd.).

Nicht nur einmal betont Jung: „Etwas mehr Meister Eckhart täte manchmal gut!" (GW 12, § 10) Jung hat von ihm gelernt und etwas ganz Wesentliches mit ihm geteilt: die außerordentliche Hochschätzung der „Seele", die für ihn wie für Eckhart der „Acker" war, wo man unvermutet auch den „Schatz des Gottesreichs" finde, mehr noch: den Ort einer möglichen „Gottesgeburt", so „dass Gott in der Seele geboren werde und die Seele (wiederum in Gott)" (Predigt 38, DW II, S. 679).

Jung war fasziniert, auch bei Meister Eckhart, einem Menschen des 13./14. Jahrhunderts, schon eine Vorstellung von der untrennbaren Zusammengehörigkeit von Gott und Seele vorzufinden. Dass Gott auch für Meister Eckhart primär in der Seele erfahren werden könne, war für Jung ein berührendes Beispiel eines rein psychologischen Zugangs zum „religiösen Phänomen", wie er es nannte. So entwickelte Jung seine eigenen Vorstellungen von einem psychologischen Zugang zur religiösen Erfahrung in Resonanz auf Eckhart weiter. Natürlich fasste er sie in seine eigene psychologische Terminologie, mit der er dann wiederum Eckhart zu interpretieren suchte, der umgekehrt Jungs Terminologie natürlich noch nicht kennen konnte.

Wie können wir gerade heute das „religiöse Phänomen", wie Jung es nennt, auch psychologisch verbindlich verstehen und verantwortlich vermitteln?

Für Eckhart ist die Seele das umfassende Erlebens- und Wahrnehmungsorgan des Menschen, das noch ungeteilt das Bewusste und das Unbewusste enthält, während Jung diese später innerhalb der Psyche unterscheidet. Dies zu begreifen und die Gemeinsamkeiten wie auch die Unterschiede zwischen Eckhart und Jung zu verstehen, sie verständlich zu machen, ist mein besonderes Anliegen. Hierbei möchte ich mich noch einmal auf Jungs frühe und umfangreichste Studie zu Meister Eckhart beziehen, „Die Relativität des Gottesbegriffes“ (GW 6, §§ 407–433), die ich schon erwähnt, aber noch nicht ausgeschöpft habe. Sie steht bei Jung vor allem unter psychologischen Gesichtspunkten.

Das Interesse an Meister Eckhart ist bis heute in der Geistes- und Religionswissenschaft groß geblieben, auch bei einer philosophisch-spirituell interessierten Leserschaft, und die neu erschienene Literatur zu Eckhart ist äußert umfangreich. Doch ist mir gerade bei der Lektüre von Jungs Gesammelten Werken wie gesagt schon immer aufgefallen, wie er immer wieder auf Meister Eckhart zurückkommt, so vor allem in der oben genannten Studie in GW 6.

Hier geht es, wie der Titel des Abschnittes deutlich macht, um die „Relativität des Gottesbegriffes“ bei Meister Eckhart – im Gegensatz zu der Vorstellung von der Absolutheit Gottes. Wir müssen hier genau sein: Bezogen worauf ist das Gottesbild Eckharts nach Jungs Meinung relativ? Die Antwort lautet: in Bezug auf die menschliche Seele. Vielleicht sollte man hier aber besser – wie Jung es gleich darauf in demselben Artikel auch selber tut – von „relational“, also rückbezüglich, sprechen: Der Gottesbegriff Eckharts sei relational, also rückbezogen auf die menschliche Seele, vor allem aber auf sie bezogen.

Ich möchte nun diesen Text C. G. Jungs über die „Relativität des Gottesbegriffs bei Meister Eckhart“, auf den ich in Kapitel 3 „Die Gottesgeburt in der Seele“, S. 32–40, schon eingegangen bin, noch einmal vertieft betrachten, als Jungs Versuch, Eckhart als einen frühen Vertreter einer relativen oder besser: einer relationalen, einer rückbezogenen Sicht Gottes in Bezug auf die

Seele zu verstehen, als Vertreter also einer psychologischen Sichtweise.

Es bedarf zu diesem Vergleich einer gewissen Sensibilität sowohl für die religiöse als auch für die psychologische Sprache, geradezu einer „spirituellen Musikalität", die Jung grundsätzlich eigen ist, die aber an einigen Stellen dieser Studie doch auch hinterfragt werden darf. Jung ist sich dessen durchaus bewusst, wenn er schreibt: „Die Ehrfurcht vor den großen natürlichen Geheimnissen, welche die religiöse Sprache in durch Alter, Bedeutungsschwere und Schönheit geheiligten Symbolen auszudrücken sich bemüht, wird nicht gekränkt durch die Ausdehnung der Psychologie auf diese Gebiete, zu denen bisherige Wissenschaft keinen Zugang fand. Wir schieben die Symbole nur etwas weiter zurück und ziehen ein Stück ihrer Domäne ans Tageslicht, ohne dabei aber dem Irrtum zu verfallen, wir hätten damit mehr geschaffen als bloß ein neues Symbol für dasselbe Rätsel, das allen Zeiten vor uns Rätsel war. Unsere Wissenschaft ist auch Bildsprache, sie passt aber in praktischer Hinsicht besser als die alte mythologische Hypothese, die sich in konkreten Vorstellungen ausdrückte, statt, wie wir, in Begriffen" (GW 6, § 428).

Jung beginnt seine Abhandlung, in der er den Vergleich mit Meister Eckhart zieht, so: „Fremdartig gegenüber dem christlichen Gefühl der Sündhaftigkeit mutet uns Eckharts Gefühl der inneren Gottesverwandtschaft an. [...] Es muss bei Eckhart eine ganz außerordentliche Erhöhung des Seelenwertes, das heißt des Wertes des eigenen Innern stattgefunden haben, dass er sich erheben konnte zu einer sozusagen rein psychologischen, also relativen Auffassung Gottes und seines Verhältnisses zum Menschen“ (GW 6, §411). In einer Bezugnahme auf die Seele findet Jung das psychologische Denken bei Eckhart also vorgebildet, in einer „außerordentliche[n] Erhöhung des Seelenwertes“, „des Wertes des eigenen Innern“. Und so fährt er fort: „Die Entdeckung und ausführliche Formulierung der Relativität Gottes zum Menschen und seiner Seele scheint mir einer der wichtigsten Schritte auf dem Wege zu einer psychologischen Erfassung des religiösen Phänomens zu sein [...]“ (ebd.).

Anstelle von „Relativität“ würde ich, ich betone es nochmals, eher von einer wechselseitigen Bezogenheit, einer „Relationalität“ also, zwischen Gott und der Seele sprechen – wie Jung es anschließend auch selbst tut –, da „Relativität“ im heutigen Sprachgebrauch zu sehr nach einer Minderung des Gemeinten, des Eigentlichen, klingt. Das ist hier aber ausdrücklich nicht gemeint.

Jungs Satz von der „psychologischen Erfassung des religiösen Phänomens“ endet allerdings mit einer interessanten Wendung, die zeigt, was mit ihr auf einer anderen Ebene auch zu gewinnen wäre, nämlich die „Möglichkeit einer Befreiung der religiösen Funktion aus den erdrückenden Schranken der ebenfalls daseinsberechtigten intellektuellen Kritik“ (GW 6, § 411). Der Gottesbegriff, die Gotteserfahrung, wäre durch psychologisch-symbolische Interpretation auch gegen eine Entleerung durch die Ratio und damit gegen eine Entwertung zu schützen. Durch Rationalisierung einer traditionellen Glaubensvorstellung sei „Gott“ nun erschreckender Weise – so meint auch Jung – als Vorstellung und als Terminus weitgehend verschwunden, zumindest im wissenschaftlichen und im weiterreichenden psychologisch-fachlichen Diskurs.

Jung kommt dann auf die eigentliche Aufgabe in diesem Zusammenhang, wie er meint, zu sprechen: auf die „Erörterung der Relativität des Symbols" – eines jeden Symbols: „Unter ‚Relativität Gottes' verstehe ich eine Ansicht, nach der Gott nicht ‚absolut', das heißt losgelöst vom menschlichen Subjekt und jenseits aller menschlichen Bedingungen existiert, sondern nach der er vom menschlichen Subjekt in gewissem Sinne abhängt, und eine wechselseitige und unerlässliche Beziehung zwischen Gott und Mensch vorhanden ist, so dass man einerseits den Menschen als eine Funktion Gottes und andererseits Gott als eine Funktion des Menschen verstehen kann" (GW 6, § 412). Könnte auch Eckhart selbst das wirklich so gesagt haben? Jung jedenfalls meint es so und ist der Ansicht, eben dies von Eckhart gelernt zu haben.

Im Folgenden wird Jung wieder anschaulicher: „Für unsere Analytische Psychologie als eine Wissenschaft, die man als empirisch auffassen muss, ist das Gottesbild der symbolische Ausdruck eines psychischen Zustandes oder einer Funktion, die dadurch charakterisiert ist, dass sie dem bewussten Willen des Subjektes unbedingt überlegen ist und deshalb Taten und Leistungen erzwingen oder ermöglichen kann, deren Ausführung der bewussten Anstrengung unerreichbar wäre" (GW 6, § 412). Diesen übermächtigen Impuls zu vermitteln, nennt Jung die „Gottesfunktion" (ebd.) der Seele, die dies ermöglichen soll. Und würde nicht vermutlich jeder, dem Gott etwas bedeutet, dieser Formulierung zustimmen können?

Warum aber spricht Jung in diesem Zusammenhang auch von „Energieaufstauung" (GW 6, § 412) als wäre ein freier Fluss der seelischen Energie, der Libido, in diesem Fall behindert gewesen? Warum sprechen wir hier nicht von einer Energiekonzentration, einer Konzentration schöpferischer Energie, oder einfach von Inspiration? Jedenfalls soll dieser Vorgang unbewusst sein, da nach Jungs Vorstellung diese „Gottesfunktion" dem bewussten Ich überlegen ist und aus dem sogenannten Un-Bewussten komme. Eckhart selbst kannte den Begriff eines Un-Bewussten nicht, nur die Vorstellung einer umfassenden Seele.

Jung führt seine Überlegungen nun weiter aus: „Durch diese Libidoanhäufung werden Bilder belebt, die das kollektive Unbewusste als latente Möglichkeiten besitzt, darunter befindet sich die Gottesimago, jene Prägung, die seit uralters der kollektive Ausdruck für die stärksten und unbedingtesten Einflüsse unbewusster Libidokonzentrationen auf das Bewusstsein ist" (GW 6, § 412). Doch klingt das fast, als wäre die „Gottesimago" irgendeine Imago unter anderen! Ist sie aber doch das Verlangen, die Sehnsucht nach dem Leben selbst!

Das Gottesbild, Gottessymbol, würde also nach dieser Vorstellung Jungs durch eine Energiekonzentration im Unbewussten immer wieder belebt und bewusst werden: als das Sinnsymbol oder das Bild für das „Große Ganze", als Sinn des Lebens selbst.

Jung, in seiner Formulierung von 1921, versucht dann den Ort der Gottesvorstellung in seiner Psychologie zu bestimmen: „Für unsere Psychologie, die als Wissenschaft sich auf das Empirische innerhalb der unserer Erkenntnis gezogenen Grenzen beschränken muss, ist daher Gott [...] eine Funktion des Unbewussten, nämlich die Manifestation eines abgespaltenen Libidobetrages, der die Gottesimago aktiviert hat" (GW 6, § 413). Anstelle von „Libido" könnte man hier aber auch „Sehnsucht" sagen, existentielle Sehnsucht. Es geht ja bei diesem Libidobetrag um mehr als ein bestimmtes Quantum von Begehren: Jung meint vielmehr die Sehnsucht nach Sinn, nach Lebenserfüllung selbst, nach der Möglichkeit eines „Lebens ohne Warum".

Andererseits ist nach Jung auch zu bedenken: „Für die metaphysische [d. h. auch für die dogmatisch gefasste, I. R.] Auffassung ist Gott natürlich absolut, das heißt für sich existierend", von allem unabhängig. „Damit ist aber auch eine völlige Abspaltung vom Unbewussten ausgedrückt, was psychologisch bedeutet, dass man sich der Tatsache, dass die göttliche Wirkung dem eigenen Innern entspringt, nicht bewusst ist" (GW 6, § 413). Dass sie – auch! – dem eigenen Inneren, eben der Seele, entspringe, darauf kommt es Jung aber gerade an.

Jung führt weiter aus: „Der Standpunkt der Relativität Gottes aber bedeutet, dass ein nicht unbeträchtlicher Teil der unbewussten Vorgänge", die sich auf „Gott" beziehen, „als psychologische Inhalte wenigstens andeutungsweise erkannt wird", also verstanden wird, dass es sich dabei auch um Psychologisches handelt. „Diese Einsicht kann natürlich nur da eintreten, wo der Seele eine mehr als gewöhnliche Aufmerksamkeit geschenkt wurde, wodurch die Inhalte des Unbewussten aus ihren

Projektionen in die Objekte zurückgezogen wurden und ihnen (den Inhalten) so eine gewisse Bewusstheit gegeben wurde, die sie als dem Subjekt zugehörig und daher auch als subjektiv bedingt erscheinen lässt" (GW 6, § 413) Diese frühen Aussagen Jungs aus den Jahren 1920/1921 finden noch sorgfältige und erfahrbare Interpretation vom späteren Jung her, zum Beispiel in Werken wie *Mysterium Coniunctionis* (GW 14/I–III).

Hier, in GW 6, spricht Jung noch davon, wie es sei, ehe man „Gott" innerlich erfahren habe und ihn daher äußerlich im Äußeren suche. Schon Eckhart hat diesen Zustand beschrieben, wie Jung zitiert: „Wem dagegen Gott nicht solch innerer Besitz ist, *sondern sich allen Gott von draußen holen muss*, in diesem oder dem – wo er ihn dann auf unzulängliche Weise sucht [...]: so hat man ihn eben nicht, und da kommt dann leicht etwas, was einen stört. Und zwar stört einen dann nicht bloß schlechte Gesellschaft, sondern auch die gute, nicht bloß die Straße, auch die Kirche, nicht bloß böse Worte und Werke, sondern gute genauso. Denn das Hindernis liegt in ihm: Gott ist ihm noch nicht zur Welt geworden. Wär er ihm das, so fühlte man sich allerorten und bei allen Leuten gar wohl und geborgen: immer hätt er Gott" (Büttner 1917, zitiert nach: GW 6, § 416).

Für Jung wird deutlich, dass auch schon Eckhart „Gott als einen psychologischen Wert versteht", als einen Wert in der Psyche. Eigentümlich ist die Vorstellung, dass einem „Gott zur Welt werden" (GW 6, § 417) könne, also gleichsam zum „Großen Ganzen". Wäre einem Menschen deshalb „‚Gott noch nicht zur Welt geworden [...]', weil ihm die Welt Gott die Stelle Gottes vertritt" (ebd.)? Statt Gott hatte er bis dahin die Welt – das war die Verwechslung. Wenn aber Gott in der Seele geboren ist, wird sie zum Gottesreich, so Eckhart an anderer Stelle: „Denn die *Seele ist gleich beschaffen mit der Gottheit.* Alles somit, was hier gesagt ist vom Gottesreich [...], dasselbe lässt sich in Wahrheit auch sagen von der Seele. [...] *denn die Seele ist das All.* Sie ist es, indem sie ein Bild Gottes ist. Als solches aber ist sie auch das Reich Gottes ..." (Büttner 1917, zitiert nach: ebd., § 418).

Hier gibt es einen Erkenntnissprung: Nachdem wir an all die Dinge und Ziele überwertige Erwartung von Lebenssinn geknüpft hatten, müssen wir erkennen, dass sie den tiefsten Sinn unseres Lebens doch nicht verbürgen können. So ziehen wir unser Verlangen nach ihnen zurück, geben sie auf, werden leer und bringen dann vielleicht bewusst ein Opfer. Jung erläutert diesen psychodynamischen Zusammenhang so: „Eckhart meint offenbar diese wohlbekannte Gebundenheit ans Objekt, welche die Welt in der Rolle des Gottes, das heißt als absolut bedingende Größe erscheinen lässt." Ein Mensch, dem „Gott noch nicht zur Welt geworden" ist, „hat also den Überwert nicht vom Objekt abgelöst und introvertiert, so dass er diesen Wert in sich selber besäße. Besäße er ihn aber in sich selber, so hätte er Gott (eben diesen Wert) stets als Objekt, als Welt, und so wäre ihm Gott zur Welt geworden" (GW 6, § 417) – er hätte Gott als ein lebendiges Gegenüber in sich selbst. Jung meint dazu: „Einer, der diesen Wert bei sich hat, der ist guten Mutes überall, er ist nicht abhängig von den Objekten [...]" (ebd.).

Gott zu erfahren wäre bei Eckhart also auch ein psychischer, genauer: ein psychodynamischer Zustand. Wie aber meint Jung das? Gott bei sich zu haben, wäre also eine bestimmte Erfahrung von Erfüllung, die noch dazu Dynamik enthielte, Potential an Kräften, Bewegung, Libido. Dies alles aber geschehe in der Seele.

Es folgt nun bei Jung, den diese Gedankengänge fasziniert haben, ein erneuter Exkurs über die Seele, die er einen vieldeutigen und viel gedeuteten Begriff nennt: Sie entspräche, historisch genommen, „einem Inhalt, dem eine gewisse Selbstständigkeit innerhalb der Bewusstseinsgrenzen zukommen muss. Denn wenn dies nicht der Fall wäre, so wäre man nie auf den Gedanken gekommen, der Seele ein selbstständiges Wesen zuzuschreiben, wie wenn sie ein objektiv wahrnehmbares Ding wäre. Sie muss ein Inhalt sein, dem Spontaneität zukommt und damit notwendigerweise partielle Unbewusstheit, wie jedem autonomen Komplex“ (GW 6, § 419). Zugleich aber müsse die Vorstellung, eine Seele zu haben, auch mit dem Bewusstsein einer Person verbunden sein, als „meine“ Seele, die sich innerhalb ihrer Grenzen auch von der Seele eines anderen Menschen unterscheiden lasse.

Die schleichende kulturelle Entwertung des Seelenbegriffs seit Eckharts Zeit habe den Seelenbegriff aber schrittweise aufgelöst, was C. G. Jung immer wieder beklagt, so dass er zuletzt nur noch in dem Terminus „Psyche“ als wissenschaftlicher Fachbegriff für die Gesamtheit der psychischen Vorgänge sein Dasein fristet.

Mit dieser historischen Entwicklung und Entleerung des Seelenbegriffs steht aber C. G. Jungs Auffassung von der Psyche als ganzer, damit vor allem auch der von ihm entwickelte Begriff des „Selbst“ als einer Verankerung des Menschen in der numinosen Tiefe des schöpferischen Unbewussten, in scharfem Widerspruch. Die Analytische Psychologie habe einen besonderen Seelenbegriff, der mit der Beschreibung der gesamten psychischen Funktionen noch längst nicht erschöpft ist: „Wir definieren nämlich die Seele einerseits als Beziehung zum Unbewussten, andererseits aber auch als eine Personifikation der unbewussten Inhalte“ (GW 6, § 420). Wenn die „Seele“ eine Personifikation unbewusster Inhalte sein kann, so ist dies nach Jungs Ansicht „Gott“ erst recht: Er ist „eine Personifikation, insofern er als persönlich gedacht ist, ein Bild oder Ausdruck, insofern er bloß oder hauptsächlich dynamisch gedacht ist [...]“ (ebd., § 421). Er existiert also auch als eine freie „Gottes-Energie“.

Meister Eckharts Auffassung ist daher, so Jung, vor allem psychologisch. „Gott“ ist ihm ein innerseelischer Inhalt, der die Seele nicht nur als Vorstellung, sondern dynamisch, als Dynamis, erfüllen kann. „Denn solange der Hauptwert oder Gott, nach Eckhart, nicht in der Seele ist, so ist die Kraft außen, also in den Objekten. Gott, das heißt der Hauptwert, muss aus den Objekten zurückgezogen werden, dadurch kommt Gott in die Seele, was ‚ein höherer Stand‘ ist und [auch, I. R.] für Gott ‚Seligkeit‘ bedeutet“ (GW 6, § 421). Gott in der Seele aber bewirkt ein intensiviertes, erhöhtes Lebensgefühl, denn die Seele enthält die mögliche Ganzheit des Individuums und in Gestalt des persönlichen samt dem kollektiven Unbewussten letztlich die mögliche

Ganzheit der Welt und der Menschheit, das heißt sie ist gleichzusetzen mit einem Anteil an der Anima Mundi, der Weltseele.

Psychologisch gesehen bedeutet das: Wenn der zentrale Wert, die „Gottes-Libido" – der doch auch unsere Libido entspricht, die wir Gott zuführen –, unsere Sehnsucht also nach Gott ist und wenn diese Sehnsucht aus ihrer Projektion auf äußere Objekte zurückgezogen wird, dann wird sie, so Jung, „als zum Individuum gehörig gerechnet, und damit entsteht ein erhöhtes Lebensgefühl, das heißt ein neues Gefälle. Der Gott, also die höchste Lebensintensität, befindet sich dann in der Seele, im Unbewussten" (GW 6, § 421). Dieses enthält dann den höheren Wert, wie in der Jung'schen Psychologie beschrieben wird.

Jung fährt fort: „Dies ist aber nicht so zu verstehen, als ob dann Gott gänzlich unbewusst wäre in dem Sinne, dass auch seine Idee dem Bewusstsein entschwände" (GW 6, § 421). Es gibt ja, so möchte ich hinzufügen, auch heutige Vorstellungen von Gott, die ebenso offen sind für das Unbewusste und das nicht Ausschöpfbare, das immer mit dem Gottessymbol verbunden ist. Ich denke dabei an das „Umgreifende", die Gottesvorstellung des Philosophen Karl Jaspers (1963), oder an die Vorstellung des Theologen Paul Tillich von Gott als „das Sein-Selbst" (Tillich 2015, S. 108f.; 122ff.), samt seiner Definition des Glaubens als „Ergriffensein von dem, was uns unbedingt angeht" (ebd., S. 118). Diese Vorstellungen könnten sich mit denen Eckharts und Jungs berühren, die Gottesidee wäre hier dem Bewusstsein eben nicht entschwunden. Aber, so schreibt Jung weiter: „Es ist vielmehr so, dass der Hauptwert anders gelagert wird und sich dann innen und nicht außen befindet." Gott wäre dann gleichsam „zu einem autonomen psychologischen Komplex geworden. Ein autonomer Komplex aber ist immer nur zum Teil *bewusst*, da nur bedingt sich dem Ich assoziiert, das heißt niemals so, dass das Ich ihn ganz umfassen könnte, denn dann wäre er nicht mehr autonom" (GW 6, § 421).

Das Unbewusste und das Bewusstsein in ihrem Zusammenspiel sind das, worauf es jetzt ankommt, wie Jung deutlich macht: „Aus dem Unbewussten kommen dann die bedingenden Einflüsse, das heißt man fühlt und weiß sie dann aus dem Unbewussten kommend, wodurch ‚eine Einheit des Wesens' (Eckhart) entsteht, eine Beziehung zwischen Bewusstsein und Unbewusstem, bei der allerdings hier das Unbewusste an Bedeutung überwiegt" (GW 6, § 421).

Das schöpferische Spiel – ein erhöhtes Lebensgefühl

Wir dürfen uns nun auch fragen, woher denn dann das Empfinden von der „Seligkeit" rührt, von der immer wieder die Rede ist, von der vor allem Eckhart spricht, sobald der Zustand eintritt, dass „Gott in der Seele geboren" wird, wenn also Bewusstes und Unbewusstes sich hier verbinden. Diese Seelenlage, bei der das Ich-Bewusstsein und das Wahrnehmen der äußeren Werte fast verschwindet, während das Unbewusste schöpferisch aufbricht und dominiert, erinnert an die Seelenlage eines schöpferisch spielenden Kindes, das von dem Schöpferischen in ihm, das aus dem Unbewussten ihm zuströmt, wie beflügelt ist (GW 6, § 422). „Dieses selige Gefühl", so Jung, „begleitet alle jene Momente, die durch das Gefühl strömenden Lebens gekennzeichnet sind, also Augenblicke oder Zustände, wo Aufgestautes widerstandslos abfließen konnte, wo es nicht nötig war, mit bewusster Anstrengung dieses oder jenes zu tun, um einen Weg zu finden oder um eine Wirkung zustandezubringen. Es sind Situationen oder Stimmungen, ‚wo es von selbst geht' [...]. Für diese Freude, die, unbekümmert um das Außen, allerwärmend aus dem Inneren strömt, ist die Zeit der Kindheit das unvergessliche Zeichen. Die ‚Kindschaft' ist daher ein Symbol für die eigentümliche innere Bedingung, unter der die ‚Seligkeit' eintritt. Gleichsam wie ein Kind sein heißt: einen Vorrat aufgestauter Libido besitzen, die sich noch verströmen kann" (ebd.).

Hier möchte man voll zustimmen und fragt sich nur erneut, warum Jung immer von einer „aufgestauten Energie" spricht, wenn er von Gott spricht, als wäre da zuvor eine Blockierung gewesen. Warum spricht er nicht einfach von der Quelle schöpferischer Energie, wenn es ihm um Gott geht? „Gott" kann doch nicht irgendwo aufgestaut werden, allenfalls das Bewusstsein von Gott. Im Zusammenhang mit Gott würde ich eher von unerschöpfter, ja unerschöpflicher Energie sprechen. Jung sieht aber diesen „Wonnezustand" auch realistisch, da er meist nicht von Dauer sein wird. Das Kind nämlich, so Jungs Vorstellung, strömt die Libido in die Dinge; so erwirbt es sich die Welt, und allmählich verliert es sich auch so an die Welt, wie die religiöse Sprache sagt, indem die Dinge allmählich überwertig werden. Dann kommt die Abhängigkeit von den Dingen. Daraus ergibt sich immer wieder die Notwendigkeit des Opfers, das heißt der Zurückziehung der Libido, der Abschneidung der [überwertig gewordenen, I. R.] Bindungen" (GW 6, § 422). Es geht um ein Wieder-ledig-Werden von eben den Dingen, die man zu einem höchsten Wert erhoben hat, es braucht ein Leerwerden von ihnen.

Das Abziehen der Libido von den Dingen erzeugt dann allerdings, wie Jung betont, erneut eine „Libidokonzentration" im Unbewussten, das heißt eine Konzentration von Sehnsucht nach erfülltem Leben, welche von Eckhart wie auch von Jung als „Kostbarkeit", „köstliche Perle" und „Schatz im Acker" symbolisiert wird (GW 6, § 423). Es entsteht ein neuer Zyklus der „Aufstauung" von Gottes-Libido, von „Sehnsucht nach Gott", auf die schließlich wieder eine glückselige Entladung folgen kann. Es gibt in der Tat Lebenskrisen, in denen eine Aufstauung von Energie geschehen kann, und Jung spricht von diesen Zuständen, die nicht immer anhalten, auch von Phasenwechseln, die sich im Lauf eines Lebens wiederholen können.

Um den Rhythmus des beginnenden Lebens in Gott zu veranschaulichen, spricht Jung vermutlich vom Stau und Abfließen des jeweils Losgelassenen und Freigegebenen. „Im Unbewussten", so Jung, „liegt der Schatz, das heißt die in die Introversion versenkte oder versunkene Libido" (GW 6, § 424), nach Eckhart ein Zustand der Verbundenheit mit Gott, in Jungs damaliger Terminologie der Zustand, „wo ein überwiegender Libidobetrag im Unbewussten liegt und von dort aus das bewusste Leben determiniert“ (ebd.).

Jung betont: „Wenn nun Meister Eckhart zum Schluss kommt, die Seele sei das Gottesreich selber, so ist sie als Beziehung [als Beziehungsraum, I. R.] zu Gott gedacht, und Gott wäre die in ihr wirkende und von ihr wahrgenommene Kraft“ (GW 6, § 424). Die Seele habe im Laufe der Religionsgeschichte immer einerseits als etwas Irdisches und andererseits als etwas, das zur Geisterwelt wie auch zur geistigen Welt gehört, gegolten, sie verliere auch auf den Kulturstufen, die Gott und Mensch klar trennen, nie ihre Mittel- und Mittlerstellung. Die Seele „muss daher als eine Funktion angesprochen werden zwischen dem bewussten Subjekt und den dem Subjekt unzugänglichen Tiefen des Unbewussten Die aus diesen Tiefen wirkende determinierende Kraft (Gott) wird durch die Seele abgebildet, das heißt sie schafft Symbole, Bilder und ist selbst nur Bild. In diesen Bildern überträgt sie die Kräfte des Unbewussten an das Bewusstsein“ (ebd., § 425).

In früheren religiösen Vorstellungen war Gott außen gewesen, hier wirkt er von innen als verborgener Schatz, auch als das „Gottesreich“ selbst. So schreibt Jung über die Seele: „Sie ist auf diese Weise Gefäß und Überleiterin, ein Wahrnehmungsorgan für unbewusste Inhalte. Was sie wahrnimmt, sind Symbole, Symbole aber sind geformte Energien, Kräfte, das heißt determinierende Ideen, die einen ebenso großen geistigen wie affektiven Wert haben. Wenn […] Gott in der Seele ist, wenn also die Seele als Gefäß das Unbewusste auffasst und sich zum Bilde und Symbol davon gestaltet, so ist dies zugleich ein glücklicher Zustand. Wir sehen, der glückliche Zustand ist ein *schöpferischer Zustand*“ (GW 6, § 425).

Was Jung über diese frühen psychologischen Konzepte hinaus entwickelt hat, vor allem das Konzept des Selbst, wurde in den vorhergehenden Kapiteln dieses Buches dargestellt. Erweitert und vertieft haben sich vor allem auch seine religiösen Vorstellungen, wie wir an der Entwicklung seines Werkes sehen können, die ich nachzuzeichnen suchte.

Participation mystique

Jung hat bei Meister Eckhart, einem der Auslöser der mystischen Bewegung im Deutschland des 14. Jahrhunderts, natürlich auch über die Begegnung mit Gottesbildern hinaus eine weitere spirituelle Erfahrung kennengelernt: die „Participation mystique“, als eine Teilhabe an der schöpferischen Kraft des Lebens selbst, als ein Einswerden mit dem Göttlichen, in dem „Gott“ nicht mehr als gegenüberstehendes Objekt erfahren wird.

Dass es bei Eckhart einen unmittelbaren Zugang zur schöpferischen Dynamik der Gottheit gibt, hat in der Tat mit seiner eindrucksvollen Unterscheidung zwischen dem personalen Gott und der überpersönlichen, der transpersonalen Gottheit zu tun. Auch C. G. Jung spricht davon, dass „Gott“ sowohl personal als auch rein dynamisch vorgestellt werden könne (GW 6, § 421). Es seien dann mystische Erfahrungen möglich, in denen sich die Einheitserfahrung des Menschen in der Verbundenheit mit der schöpferischen Urenergie wieder ereigne. Auch geschehe hierbei eine unaufhaltsame Auseinandersetzung mit dem schöpferischen Unbewussten als dem Gestaltlosen, der bloßen Dynamis jenseits eines Gegenübers.

Mit dem Zugang zur mystischen Erfahrung, den er früh bei Eckhart gefunden hat, könnte auch Jungs überraschend guter Zugang zur meditativen Erfahrung östlicher Religionen zusammenhängen, die er wiederum zur Deutung einer Durchbruchserfahrung Eckharts als Satori-Erlebnis hinzuzieht (siehe Kapitel 8, S. 79f.).

Jungs Begegnung mit Meister Eckhart öffnet die Jung'sche Psychologie auch für die Wahrnehmung und Interpretation mystischer Erfahrung, öffnet einen psychologischen Zugang zur Spiritualität, nach der viele Menschen unserer Zeit sich sehnen, was sie oft auch in Form der Sinnsuche in einer psychotherapeutischen Behandlung einbringen. Hinzu kommt Jungs Erfahrung mit der Lebenseinstellung der Gelassenheit und des Geschehenlassens, die er bei Meister Eckhart kennengelernt hat und die ihm nach eigener Aussage auch in seiner psychotherapeutischen Arbeit viel bedeutete. Ulrich Schäfle, Jung'scher Analytiker, Kontemplations- und Zen-Lehrer, fasst das, was Jung aus der Begegnung mit Meister Eckhart gewonnen hat, so zusammen: „Meister Eckharts berühmte Unterscheidung zwischen ‚Gott' und ‚Gottheit' [...] bietet Jung die Möglichkeit, die religiöse Gottesbeziehung, wie sie durch die Symbolik von Gottesbildern geformt ist, noch zu unterscheiden von der *participation mystique* an der natürlichen

Schöpferkraft, in der das Ich identifiziert ist mit der *treibenden Dynamis des Unbewussten*, wo Gott als Objekt verschwindet und man eintaucht in den ‚Strom und Quell der Gottheit' (Eckhart)" (Schäfle 2022, S. 18) – in eine Einheitserfahrung, in eine Unio mystica.

Weil Jung sehr daran liegt zu betonen, dass seine Psychologie eine Erfahrungswissenschaft ist, gilt religiöse Erfahrung für ihn als seelische Erfahrung. An die müsse man nicht glauben, wenn man sie doch gemacht habe. So antwortete er 1959 in einem BBC-Interview auf die Frage von John Freeman, ob er heute noch an Gott glaube: „Ich *weiß*. Ich brauche nicht zu glauben. Ich weiß" (Hinshaw/Fischli 1986, S. 268).

Gegen Ende seines Lebens, in dem die geistige Begegnung mit Meister Eckhart für ihn so bedeutsam war, schreibt C. G. Jung: „Die entscheidende Frage für den Menschen ist: Bist du auf Unendliches bezogen oder nicht? Das ist das Kriterium seines Lebens" (Jung 2024, S. 354). So aber beschreibt Meister Eckhart selbst seine Erfahrung mit Gott als Gegenüber:

„Ich habe eine Kraft in meiner Seele
die Gottes ganz und gar empfänglich ist.
Ich bin des so gewiss, wie ich lebe,
dass mir nichts so ‚nahe' ist wie Gott.
Gott ist mir näher als ich mir selber bin;
mein Sein hängt daran,
dass mir Gott ‚nahe' und gegenwärtig sei!
Er ist es auch einem Steine und einem Holze,
sie aber *wissen* nichts davon."
(Predigt 68, DW III, in: Quint 1979, S. 323)

Ausblick

C. G. Jungs Bezogenheit auf Meister Eckhart, die mit der Veröffentlichung des Beitrags „Die Relativität des Gottesbegriffs bei Meister Eckhart“ von 1921 (GW 6, §§ 407–433) erstmals sichtbar wurde, setzte sich bis in seine letzten Jahre fort, wie seine Briefe erweisen. Zuletzt erwähnt Jung Meister Eckhart in einem Brief vom 2.9.1960 an Sir Herbert Read in London, und am 8.6.1958 schreibt er an Dr. Herbert Bowman von der Universität von Oregon, anlässlich einer ausführlichen Erörterung seines Selbstbegriffs: „Soweit ich feststellen kann, war in Europa Meister Eckhart einer der ersten, bei dem das Selbst eine wichtige Rolle zu spielen begann“ (Jung 2012, Briefe III, S. 195). Die geistige Resonanz zwischen C. G. Jung und Meister Eckhart wurde von einigen Vertretern der Jung'schen Psychologie durchaus wahrgenommen, im internationalen englischsprachigen Raum zum Beispiel unter anderem von James M. Clark in seiner Veröffentlichung von 1959 „C. G. Jung and Meister Eckhart“, in dem er sich mit der Meinung einiger Kolleginnen und Kollegen auseinandersetzt, Jung habe die Grundgedanken seiner Vorstellung vom Selbst von Meister Eckhart übernommen.

Die Resonanz von Jung auf Meister Eckhart wurde auch im deutschsprachigen Raum von einigen Vertretern der Jung'schen Psychologie in den Blick genommen. Vor allem der Theologe Gerhard Wehr, der auch viel zu C. G. Jung und Jung'scher Psychologie publiziert hat, thematisierte diese Bezogenheit in seinen Veröffentlichungen über Mystik und über Meister Eckharts Leben (Wehr 2008; 2010). Zuletzt stieß ich auf den Beitrag des Freiburger Kollegen Ulrich Schäfle mit dem Titel „Von Gott in der Seele und vom Gefühl strömenden Lebens – über C.G. Jungs Wertschätzung von Meister Eckhart“ (Schäfle 2022).

Diesen überschaubaren Beiträgen gegenüber ist in den letzten Jahrzehnten in der Meister-Eckhart-Forschung selbst, besonders innerhalb von Philosophie und Theologie, mit zahlreichen Veröffentlichungen eine starke Lebendigkeit zu bemerken, so dass sich dies künftig auch auf den Bereich der Psychologie, vor allem den Bereich der Tiefenpsychologie nach C.G. Jung, auswirken könnte. Die Forschung um Meister Eckhart hat dessen breite und kritische philosophische Basis stärker in den Blick genommen und ihn dadurch von schwärmerisch emotionalen und visionären Strömungen der späteren Mystik klar unterschieden, wie es bahnbrechend in der Studie *Meister Eckhart. Philosoph des Christentums* von Kurt Flasch (2011) geschieht, die weitere Forschung anregte. Besonders herausfordernd ist dabei die Erkenntnis, dass Eckhart neben der griechischen philosophischen Tradition sowie der christlichen um Augustin, Thomas von Aquin und Dionysius Areopagita auch arabische Denker wie Averroes, dazu den jüdischen Rabbi und Philosophen Maimonides in seine umfassende Perspektive und Schau einbezog (Flasch 2013).

2005 wurde der Meister-Eckhart-Preis an den Tübinger Philosophen Ernst Tugendhat verliehen, der in seiner Dankesrede versuchte, in der besonderen Einstellung, die Meister Eckhart erfüllte, eine anthropologische Konstante zu erkennen, die auch unabhängig von religiöser Bindung bedeutsam ist und sich einerseits bei den hierfür offenen Menschen in einer inneren Sammlung zeigt, andererseits sich in der Bezogenheit auf alles Mitmenschliche und Mitweltliche erschließt, so dass eine All-Einheit, eine Unio Mystica, erlebt werden kann (Tugendhat 2006). Eine solche Einstellung, die auf Ideen von Meister Eckhart basiert, könnte auch innerhalb der Jung'schen Psychologie neue Entwicklungen anstoßen.

Für C. G. Jung nämlich war und blieb Meister Eckharts Geist „die schönste Blüte am Baume des liber spiritus" (GW 9/II, § 302) – die schönste Blüte des freien Geistes.

Anhang

Anmerkungen

1 Der besseren Lesbarkeit halber werden auch Zitate, die vor 1998 veröffentlicht wurden, in reformierter neuer deutscher Rechtschreibung wiedergegeben.

2 Die Nummerierung der Predigten in DW unterscheidet sich von der in Quint, ebenso von der Nummerierung in Ausgaben anderer Herausgeber.

3 Dieses Kapitel ist die gekürzte Fassung eines Beitrags zum Geburtstag von Theodor Seifert und ist als ganzer veröffentlicht unter dem Titel „‚Leben ohne Warum' – Alt werden mit einem Gedanken von Meister Eckhart", in: Riedel, Ingrid (2021): Die innere Freiheit des Alterns. 6. Aufl. Patmos, Ostfildern, S. 164–176.

4 Was es für das Menschenbild bedeutet, dass – wenn auch noch nicht zur Zeit dieses Artikels von Jung – der ganzheitliche Begriff „Seele", zumindest im wissenschaftlichen Diskurs, durch den funktionellen Begriff „Psyche" ersetzt wird, bedürfte einer grundsätzlicheren Auseinandersetzung, als sie an dieser Stelle möglich ist. Bemerkenswerte Ansätze finden sich bei Haberer (2021).

5 Die explizite Darstellung eines Individuationsprozesses anhand von klinischem Material und Träumen aus einer persönlichen Analyse findet sich bei Jung in „Traumsymbole des Individuationsprozesses" (GW 12, §§ 44–331) sowie in dessen Arbeit „Zur Empirie des Individuationsprozesses" (GW 9/I, §§ 525–626).

Literatur

Abkürzungen

Büttner, Pfeiffer, Quint, Spamer: Werkausgaben von Meister Eckhart, zitiert nach den jeweiligen Herausgebern

DW: Die deutschen Werke von Meister Eckhart

GW: Die Gesammelten Werke von C. G. Jung

Zitierte Werke von Meister Eckhart

Büttner, Hermann (Hg.) (1917): Meister Eckehart's Schriften und Predigten. 2 Bde. Hg. und übers. von Hermann Büttner. 3. Aufl. Diederichs, Jena.

DW: Meister Eckhart: Die deutschen Werke. Hg. und übersetzt von Josef Quint et al. im Auftrag der Deutschen Forschungsgemeinschaft. Kohlhammer, Stuttgart 1936ff.

- DW I: Predigten (1–24). Hg. und übersetzt von Josef Quint, 1986 (unveränderter Nachdruck der Ausgabe 1958).
- DW II: Predigten (25–59). Hg. und übersetzt von Josef Quint, 1988 (unveränderter Nachdruck der Ausgabe 1971).
- DW III: Predigten (60–86). Hg. und übersetzt von Josef Quint, 2000 (unveränderter Nachdruck der Ausgabe 1976).
- DW IV,1: Predigten (87–105). Hg. und übersetzt von Georg Steer unter Mitarbeit von Wolfgang Klimanek und Freimut Löser, 2003.
- DW IV,2: Predigten (106–117). Hg. und übersetzt von Georg Steer, 2023.

- DW IV,3: Verzeichnisse zu Bd. 4. Hg. von Georg Steer, 2024.
- DW V: Traktate. Hg. und übers. von Josef Quint, 1987 (unveränderter Nachdruck der Ausgabe 1963).

Pfeiffer, Franz (Hg.) (1857): Deutsche Mystiker des Vierzehnten Jahrhunderts. Zweiter Band: Meister Eckhart. G. J. Göschen'sche Verlagshandlung, Leipzig.

Quint, Josef (Hg.) (1979): Meister Eckhart: Deutsche Predigten und Traktate. Hg. und übers. von Josef Quint. Diogenes, Zürich.

Spamer, Adolf (Hg.) (1912): Texte aus der deutschen Mystik des 14. und 15. Jahrhunderts. Diederichs, Jena.

Zitierte Werke von C. G. Jung

GW: Jung, C. G. (2011ff.): Gesammelte Werke. 20 Bde. Hg. von Lilly Jung-Merker / Elisabeth Rüf / Leonie Zander et al. Sonderausgabe. Edition C. G. Jung im Patmos Verlag, Ostfildern.

Daraus (sortiert nach Bandnummern und Paragraphen):

- Das Typenproblem in der Dichtkunst (1921). In: GW 6, §§ 275–460.
- Die Relativität des Gottesbegriffs bei Meister Eckhart (1921). In: GW 6, §§ 407–433.
- Definitionen (1921). In: GW 6, §§ 672–844.
- Die Beziehungen zwischen dem Ich und dem Unbewussten (1928). In: GW 7, §§ 202–406.
- Die transzendente Funktion (1916). In: GW 8, §§ 131–193.
- Theoretische Überlegungen zum Wesen des Psychischen (1947). In: GW 8, §§ 343–442.
- Über Synchronizität (1952). In: GW 8, §§ 959–987.

- Mandalas (1955). In: GW 9/I, §§713–718.
- Christus, ein Symbol des Selbst (1951). In: GW 9/II, §§68–126.
- Gnostische Symbole des Selbst (1951). In: GW 9/II, §§287–346.
- Ein moderner Mythus: Von Dingen, die am Himmel gesehen werden (1958). In: GW 10, §§589–824.
- Versuch einer psychologischen Deutung des Trinitätsdogmas (1942). In: GW 11, §§169–295.
- Das Wandlungssymbol in der Messe (1940/41). In: GW 11, §§296–448.
- Vorwort zu Daisetz Teitaro Suzuki: Die Große Befreiung (1939). In: GW 11, §§877–907.
- Einleitung in die religionspsychologische Problematik der Alchemie (1943). In: GW 12, §§1–43.
- Traumsymbole des Individuationsprozesses (1936), in: GW 12, §§44–331.
- Kommentar zu „Das Geheimnis der goldenen Blüte" (1929). In: GW 13, §§1–84.
- Mysterium Coniunctionis. Untersuchungen über die Trennung und Zusammensetzung der seelischen Gegensätze in der Alchemie. Unter Mitarbeit von Marie-Louise von Franz (1955–1973). GW 14/I–III.
- Rex und Regina (1956). In: GW 14/II, §§1–208.
- Die Psychotherapie in der Gegenwart (1945). In: GW 16, §§212–229.
- Die Psychologie der Übertragung (1946). In: GW 16, §§353–539.
- Symbole und Traumdeutung (1961). In: GW 18/I, §§416–607.

Jung, C. G. (1991): Traumanalyse. Nach Aufzeichnungen des Seminars 1928–1930. Hg. von William McGuire. Aus dem Engl. übers. von Brigitte Stein. Walter, Olten.

Jung, C. G. (2012): Briefe III: 1956–1961. Hg. von Aniela Jaffé, in Zusammenarbeit mit Gerhard Adler. Sonderausgabe. Edition C. G. Jung im Patmos Verlag, Ostfildern.

Jung, C. G. (2024): Erinnerungen, Gedanken, Träume. Aufgezeichnet und herausgegeben von Aniela Jaffé. Korrigierte Sonderausgabe. 23. Aufl. Edition C. G. Jung im Patmos Verlag, Ostfildern.

Sekundärliteratur

Angelus Silesius (1982): Der Himmel ist in dir. Meditationen. Ausgewählt und eingeleitet von Gerhard Wehr. 2., aktualisierte Aufl. Benziger, Zürich.

Barth, Karl (1945ff.): Die Kirchliche Dogmatik. Bd. III,1–4: Die Lehre von der Schöpfung. Evangelischer Verlag Zollikon, Zollikon/Zürich.

Bonhoeffer, Dietrich (1964): Akt und Sein. Transzendentalphilosophie und Ontologie in der systematischen Theologie [1931]. 3. Aufl. Kaiser, München.

Clark, James M. (1959): C. G. Jung and Meister Eckhart. In: The Modern Language Review 54.4, S. 239–244.

Flasch, Kurt (2011): Meister Eckhart. Philosoph des Christentums. 3. Aufl. C. H. Beck, München.

Flasch, Kurt (2013): Meister Eckhart. Die Geburt der „Deutschen Mystik“ aus dem Geist der arabischen Philosophie. 3. Aufl. C. H. Beck, München.

Fromm, Erich (1989): Haben oder Sein. In: Gesamtausgabe Bd. II. dtv, München.

Goethe, Johann Wolfgang von (1949): Maximen und Reflexionen. Neu geordnet, eingeleitet und erläutert von Günter Müller. 3. Aufl. Kröner, Stuttgart.

Goethe, Johann Wolfgang von (2005): Goethes Werke. Band II: Gedichte und Epen II. Textkritisch durchgesehen und kommentiert von Erich Trunz. 17. Aufl. C. H. Beck, München.

Govinda Anagarika: Grundlagen tibetischer Mystik. Nach den esoterischen Lehren des Großen Mantra Om Mani Padme Hum. Zürich, Rascher 1956.

Haberer, Johanna (2021): Die Seele. Versuch einer Rehabilitation. Claudius, München.

Hinshaw, Robert / Fischli, Lela (Hg.): C.G. Jung im Gespräch. Interviews, Reden, Begegnungen. Daimon, Zürich 1986.

Jaspers, Karl: Einführung in die Philosophie. 12 Radiovorträge. 4. Aufl. Artemis, Zürich 1963.

Kast, Verena (2008): Spirituelle Aspekte in der Jung'schen Psychotherapie. In: Psychotherapie Forum 16.2, S. 66–77.

Kast, Verena (2024): Die Tiefenpsychologie nach C.G. Jung. Eine praktische Orientierungshilfe. 8. Aufl. Patmos, Ostfildern.

Otto, Rudolf (1979): West-östliche Mystik. Vergleich und Unterscheidung zur Wesensdeutung. Gütersloher Verlagshaus Mohn, Gütersloh.

Riedel, Ingrid (2021): Die innere Freiheit des Alterns. 6. Aufl. Patmos, Ostfildern.

Roesler, Christian: Das Archetypenkonzept C.G. Jungs. Theorie, Forschung und Anwendung. Kohlhammer, Stuttgart 2016.

Schäfle, Ulrich (2022): Vom „Gott in der Seele“ und vom „Gefühl strömenden Lebens“. Über C. G. Jungs Wertschätzung von Meister Eckhart. In: Jung Journal 48, S. 15–18.

Schweitzer, Albert (2013): Straßburger Predigten. Hg. von Ulrich Neuenschwander. 4. Aufl. C. H. Beck, München.

Seifert, Theodor (o. J.): Art. „Seelenfunke“. https://symbolonline.eu/index.php?title=Seelenfunke [Zugriff: 11.7.2024].

Sölle, Dorothee (2014): Mystik und Widerstand. „Du stilles Geschrei“. Neuausgabe. Kreuz, Freiburg im Breisgau.

Suzuki, Daisetz Teitaro (1927): Essays in Zen Buddhism. Bd. 1. Luzac, London.

Suzuki, Daisetz Teitaro (1939): Die große Befreiung. Einführung in den Zen-Buddhismus. Weller, Leipzig.

Thiele, Johannes (Hg.) (1989): Perlen der Mystik. Ausgewählt von Johannes Thiele. Herder, Freiburg im Breisgau.

Tillich, Paul: Der Mut zum Sein. 2. Aufl. De Gruyter, Berlin u. a. 2015.

Tugendhat, Ernst: Über west-östliche Mystik und höhere Traurigkeit. In: Le Monde diplomatique, 13.1.2006. https://monde-diplomatique.de/artikel/!490139 [Zugriff: 22.8.2024].

Wehr, Gerhard (2008): Meister Eckhart in Selbstzeugnissen und Bilddokumenten. 7. Aufl. Rowohlt, Reinbek bei Hamburg.

Wehr, Gerhard (2010): Meister Eckhart. Textauswahl und Kommentar. Marixverlag, Wiesbaden.

Wendel, Saskia (2001): Das entbildete Ich als Bild Gottes. Zur Aktualität des mystischen Subjektverständnisses. In: Joachim Valentin / Saskia Wendel (Hg.): Unbedingtes

Verstehen?! Fundamentaltheologie zwischen Erstphilosophie und Hermeneutik. Pustet, Regensburg, S. 145–160.

Wendel, Saskia (2017): Meister Eckhart und Nikolas Cusanus – Mystische Aufbrüche an der Schwelle zur neuzeitlichen Moderne. In: Martin Breul / Aaron Langenfeld (Hg.): Kleine Philosophiegeschichte. Eine Einführung für das Theologiestudium. Schöningh, Paderborn, S. 98–108.

Wilhelm, Richard (1929): Das Geheimnis der goldenen Blüte. Ein chinesisches Lebensbuch. Mit einem europäischen Kommentar von C.G. Jung. Zürich, Rascher, 1929.

Weitere Literaturempfehlungen zu Meister Eckhart

Haas, Alois M. / Minotto, Thomas (2013): Meister Eckhart – der Gottsucher. Aus der Ewigkeit ins Jetzt. Kreuz, Freiburg im Breisgau.

Mieth, Dietmar (Hg.) (2014): Meister Eckhart. Einheit mit Gott. Die bedeutendsten Schriften zur Mystik. 2. Aufl. der erweiterten Neuausgabe. Patmos, Ostfildern.

Mieth, Dietmar (2004): Meister Eckhart. Mystik und Lebenskunst. Patmos, Düsseldorf.

Wendel, Saskia (2008): Gott im Grund der Seele. Meister Eckhart und der Beginn der Mystik. In: Ralf K. Wüstenberg (Hg.): „Nimm und lies!“ Theologische Quereinstiege für Neugierige. Gütersloher Verlagshaus, Gütersloh, S. 98–109.